应用创新驱动产业发展

——数字内容产业观察报告

魏　超　李岳秋 主编

知识产权出版社
全国百佳图书出版单位
—北京—

图书在版编目（CIP）数据

应用创新驱动产业发展：数字内容产业观察报告 / 魏超，李岳秋主编 .—北京：知识产权出版社，2021.12

ISBN 978-7-5130-7936-5

Ⅰ . ①应… Ⅱ . ①魏… ②李… Ⅲ . ①数字信息—文化产业—产业发展—研究—中国 Ⅳ . ① G124

中国版本图书馆 CIP 数据核字（2021）第 243515 号

内容提要

本书以类别和范围为原则甄选了 11 种应用技术层面创新的移动端应用程序（App）产品，并进行了研究分析，从类别划分、上线时间、安卓市场下载次数、竞争产品等方面进行了详细阐述，以期促进内容产业和数字出版产业的创新与发展。

本书可供新闻出版专业学生、出版行业人员等阅读。

责任编辑：曹靖凯　　　　**责任印制**：孙婷婷

应用创新驱动产业发展——数字内容产业观察报告

YINGYONG CHUANGXIN QUDONG CHANYE FAZHAN——SHUZI NEIRONG CHANYE GUANCHA BAOGAO

魏　超　李岳秋　主编

出版发行：知识产权出版社有限责任公司
网　　址：http：//www.ipph.cn
　　　　　http：//www.laichushu.com
电　　话：010-82004826
社　　址：北京市海淀区气象路 50 号院
邮　　编：100081
责编电话：010-82000860 转 8763
责编邮箱：caojingkai@cnipr.com
发行电话：010-82000860 转 8101
发行传真：010-82000893
印　　刷：北京中献拓方科技发展有限公司
经　　销：各大网上书店、新华书店及相关专业书店
开　　本：720mm × 1000mm　1/16
印　　张：9.5
版　　次：2021 年 12 月第 1 版
印　　次：2021 年 12 月第 1 次印刷
字　　数：150 千字
定　　价：58.00 元

ISBN 978-7-5130-7936-5

序 | PREFACE

北京印刷学院传播学教学团队长期关注媒介研究，尤其在新媒体研究领域跟踪甚紧，2000年即出版国内第一本《网络广告》。近年来在数字出版和网络传播领域的研究成果已成规模，一批新晋教学科研人员至今仍在这一领域埋头耕耘。2015年前后，我们还出版过《微博与微信》《我国视听新媒体行业发展研究》等新媒体领域的研究成果。

时间回到2007年1月，彼时微软公司正式向普通用户出售Windows Vista操作系统，用户拿到装有新系统的电脑时，看到系统桌面上增加了包括时钟、日历在内的几个“小插件”。当时IT业界有人声称今后的网络世界，将由这样的“小插件”主宰。包括笔者在内的大部分人，对此不明就里。

那几年互联网的“入口之争”激战正酣，直到2010年“3Q大战”爆发，这一场又一场的“入口之争”趋于白热化。但是，今天我们打开手机，无论先点开微信，还是先点开抖音，它们都是我们进入互联网的第一入口，当年的360和QQ都没有争到这个位置。

微信与抖音，都是App。App是Application的缩写，意思是“应用程序”，跟Windows Vista系统桌面上的“小插件”一样。2008年苹果智能手机上市，当乔布斯公布App Store（苹果应用商店）时，现场没有多少掌声，因为当时很少有人能意识到这一事件对互联网世界的深远影响。

2010年1月，App Store上线还不到18个月，苹果就宣布App Store下载量达到了惊人的30亿。那一年，“会说话的汤姆猫”成为全球下载量最高的App。这款在当时风靡世界的虚拟宠物游戏，利用iPhone智能手机的多点触控屏幕，给用户带来了前所未有的体验。当时用户们更喜欢的付费App都是一些实用工具，比如能够在手机上查看和编辑Office文档的Documents to GO，能够听歌识曲的Shazam，以及相机滤镜应用Hipstamatic等，就像时钟、日历、天气预报一样。这些体验出色的应用程序让App Store成为很多人购买iPhone的理由。

等到2018年，App Store的注册开发者超过了2000万名，每周用户访问量超过5亿，苹果应用商店成为苹果公司最为重要的收入来源之一。来自中国的抖音凭借超高下载次数，成为2018年全球下载量最高的App。谷歌、安卓和其他手机系统也早都有了自己的应用市场，而且下载量不低于苹果App Store。App的厉害，至今方为世人所知，因为它们真正成为移动互联网世界的入口和主宰。

更值得一提的，是App领域的爆炸式创新。由于App Store创新了与开发者的合作与分成机制，极大地焕发了应用程序开发人员的创新热情，通过无数技术人员的不断创新，苹果应用商店和安卓应用市场的容量呈指数级增长，目前上架的App种类均在千万级别以上，以应用技术层面的创新，极大地推动了各行各业的发展，带领世界走进了互联网。我们称为信息技术革命。

北京印刷学院作为一所传媒类高校，学科及专业领域覆盖传媒产业全产业链。传播学教学科研团队自2012年起开始关注App生态，在当年的人才强教项目中增列了一个“应用创新驱动产业发展：数字内容产业观察报告”的研究课题。每年秋季学期，都要求研究生新生就自己常用的一款App写出一份研究报告，以seminar（研讨会）的形式向全班汇报并接受质询。坚持有年，积累较丰，其中不乏精品，本次经汇总整理，于本书中统一发布。

入选本书的网易轻博客LOFTER，其研究初稿提供者就来自2013级研究生，2016级和2019级也有同学选择了这款App作为研究对象，其研究成果一并被整理成为一篇文章。2015年，我校新闻出版学院成功申报新闻与传播专业硕士授权点，专硕新生入学之后，也接下了研究App的任务，因此本书初稿提供者主要是北京印刷学院新闻与传播专业2013级至2020级历届专业硕士研究生。

本书选取App的原则有三个：一是按类别，每类选取一个产品作为代表；二是按范围，基本不出内容产业和数字出版产业的范围；三是必须为App，即移动终端应用程序。

内容产业的范围包括各种媒介上所传播的印刷品内容（报纸、书籍、杂志等），音像电子出版物内容（联机数据库、音像制品服务、电子游戏等），音像传播内容（电视、录像、广播和影院）及用作消费的各种数字化软件等类别；数字出版产业的范围包括互联网广告，移动出版（移动阅读、移动音乐、移动游戏等），在线教育，网络游戏，网络动漫，在线音乐，博客类应用，电子书，互联网期刊，数字报纸等类别；App最大的特征是其提供的产品也好，服务也好，都是放在线上、放在移动终端的，因此，内容产业和数字出版产业中的线上诸类别移动端应用程序，就在本书的选取范围之内。

类别之下，尚可细分。比如在众多音乐类App里，本书只选了网易云音乐，其功能架构与酷我、酷狗等竞品大致相同。但是，本书还选了唱鸭，其竞品是全民K歌和唱吧等，它们和网易云音乐等的不同，在于用户参与程度不一样。前者如果是听歌类App，后者就是唱歌类App。其实，抖音最初也是音乐类App，自称“音乐原创短视频社交类应用”，但是后来转型为综合性短视频平台。本书在类别上努力覆盖内容产业和数字出版产业范围内的移动端应用，但入选的11个类别也许并不能很好地完成这一任务。各位读者如有意见和建议，本书作者必将虚心以待。

每篇文章之前，编者为其标注了类别划分、上线时间和安卓市场下载次数、打分人数和苹果应用商店打分人数等统计信息，时间截至2021年3月底。苹果应用商店不提供下载次数，也许它认为打分人数更能表明这款App在用户心目中的价值。此外，本书还列出了每一款入选App的同类竞争产品，未必准确，导读而已。

其实，在数以千万计的App中选出这11种，本身就注定是一件挂一漏万的事儿。研究中的疏忽错讹，也在所难免。不揣浅陋，贸然付梓，是因为互联网世界变化太快了。我们本来以为会沉淀下来的东西，在历史长河中也都泥沙俱下。本书本该在2014年前后出版，因眼见App领域风云变幻，遂一拖再拖。今后，我们传播学教学科研团队会继续关注这一领域，谋求更为深入的研究。诚盼大家继续支持！

魏超

北京印刷学院教授

2021年4月20日

目录 | CONTENTS

抖音

——记录美好生活*

开发机构： 北京微播视界科技有限公司

使用情况： 安卓市场 197 亿次安装，5.4 万人评分

苹果商店 60 万人评分

上线时间： 2016 年

产品定性： 短视频平台类应用

同类应用： 快手、微视、爱奇艺随刻、好看视频、优酷等

北京字节跳动科技有限公司（以下简称“字节跳动”）算数中心 2020 年 1 月发布的《2019 抖音大数据报告》显示，抖音目前有 4 亿日活跃用户，也就是每天有 4 亿人在玩抖音、看视频、拍视频；这个数据有力地说明了抖音用户的活跃度很高，也从侧面反映了用户对平台的依赖性很强。新型冠状病毒肺炎疫情期间抖音的用户更是爆发式地增长，用户和短视频创作者的大量增加使得这个 App 成为电商最热门的掘金地，但是，抖音成立之初可不是这样的。

---

* 本文由北京印刷学院新闻与传播专业 2017 级硕士研究生周雪、2020 级硕士研究生王泽如提供初稿。

一、产品定位及变迁

2016年9月上线的抖音，其最初的定位是：音乐创意短视频社交软件。这个定位包含了四个要点：①以音乐为切入点；②音乐+舞蹈+跑酷+表演等内容的创意表达形式；③专注年轻人的15秒音乐短视频社区；④年轻“创意一代”的聚集地。

2017年10月31日，抖音上线直播功能，目的是强化社区属性，粉丝超过5万人才能获得开通权限。和当时的竞争对手不一样，抖音没有纯职业主播平台，也不做秀场直播，都是“达人视频内容+达人人格魅力”的基于兴趣的同好之间的互动需求。直播内容多是由抖音社区文化衍生出来的，而且也更符合抖音自己的调性，达人会在直播里教粉丝一些视频的拍摄手法，跳舞技巧，甚至直接直播拍抖音。从互动形式看，相对更为注重对等原则，粉丝为主播送出的礼物名为“棒棒糖”“仙女棒”“为你打call”“Thuglife”“Boom”等。

因此，抖音发展的第一阶段，属性特征很鲜明，就是“短视频+年轻人+创意+社区+音乐”，具备明确的泛娱乐性质。2017年4月，抖音和网易云音乐进行了互换资源合作，双方将用户及资源相互引导给对方，网易云音乐出现大量抖音歌单，其中不乏播放量上百万级别的歌单，对于抖音平台本身也是一种有效推广；同年，抖音还与今日头条、君纷兄弟传媒合作，举办2017全国青少年才艺大赛、线下区域性达人集会；与《快乐大本营》《中国有嘻哈》《高能少年团》等热门综艺节目也有形式多样、充满创意的合作；甚至还与必胜客合作举办“抖音必嗨杯，干掉不嗨心”，年轻人现场即兴做抖音表演，免费领取必嗨杯，必胜客北京110家店参与活动，供顾客嗨抢10000杯。

成立之初的抖音，当时的竞争对手今天已鲜有人知。从其运营情况对比中，可以看到抖音的显著优势，具体见表1。

表 1　抖音优势

对比项目		抖音	小咖秀（晃咖）	Muse
上线时间		2016 年 9 月	2015 年 3 月	2013 年 8 月
开发机构		北京微播视界科技有限公司	一下科技有限公司	上海闻学网络科技有限公司
口号		让崇拜从这里开始	人生如戏全凭演技	每天带给你新鲜感
主要特点		国内首家全屏高清音乐短视频社区（15 秒）	提供字幕，以“对口型”的方式创作搞笑视频	强调音乐元素的短视频应用（15 秒）
产品功能	拍摄	像素更清晰，美颜效果更强	像素一般，美颜 + 特效，有合演	针对脸部进行特效，如大眼、瘦脸等，可制作 gif 动图
产品功能	特效	时间特效、道具更炫酷	只有一般特效	有 emoji 贴纸
产品功能	发现	热门挑战更新频率快，贴合热点	更新不及时，质量低	每日点赞排行榜，视频分类
产品功能	直播	√（门槛更高）	√	√
产品功能	我的故事	√	×	×
产品功能	附近	√	×	×
产品功能	全球热门	×	×	×
盈利模式		广告 + 直播 + 周边	广告 + 直播	广告 + 直播

跟谁竞争，其实就是在抢谁的用户。抖音的青春活力，为其带来了快速发展，表现为自身定位及竞争对手后来都发生了显著变化。

2017 年，抖音是一个娱乐工具，主要竞争对手为映客、花椒、斗鱼、YY 等平台，主要用户和内容为高颜值主播和娱乐性内容、游戏类内容。

到了 2018 年，抖音升级成了综合性的短视频平台，主要竞争对手是 B 站（bilibili）、微博、爱奇艺、优酷、腾讯视频，主要用户和内容为知识类主播、生活 VLOG 和影视内容，专业的内容创造者才有机会胜出。

到了 2020 年，抖音再次进化，全面挺进商业生态，主要竞争对手是淘宝、美团、饿了么，主要用户和内容为主播带货、兴趣电商和本地生活。一是帮助抖音推广企业蓝 V 号认证，告诉企业商家，流量在抖音，消费者在抖音，同行在抖音。二是同城商家号、同城个人号，都是基于本地生活的各行各业的分类。

2021 年的抖音，就相当于 2014 年的外卖平台，那些年不上平台做外卖，店家就会被淘汰；现在不上抖音做短视频，店家一样难以为继。如今，用户登录抖音或者快手都会发现平台在大力发展同城达人，视频发布时带上同城话题就会有流量扶持。

2021 年，字节跳动在全国开设了很多分公司，目的就是打造“百花齐放”的地区达人，而不是将流量集中在几个达人手中。20 年前，互联网公司的头部企业是“BAT”（百度、阿里、腾讯）；如今，抖音短视频平台热度已直追微信、微博、今日头条客户端，比拼淘宝、美团、京东、拼多多。

二、用户分类方式和推荐算法

字节跳动的核心竞争力在于用户分类方法和推荐算法。其他互联网公司也有自己的推荐算法，但是“头条系”的推荐方式与众不同。

在经典营销体系里，用户的分类是依据其身份标签而来的，如性别、年龄、教育程度、社会地位、收入水平、婚育状况及家庭所在地等，也就是把不同的商品卖给它所对应的不同的人，如 5000 元的红酒只推送给年薪百万的人。这种分类方式的基本假设是不同经济基础的人对产品的需求是不同的。但是，稍加注意，就会发现这与现实不符，人们的经济基础虽然不同，但其心理欲求并非判然两立，而是有交叉重合。这个交叉重合部分，就是兴趣爱好。

每个人都有自己的身份，但你的身份并不能定义你这个人，反而是你的兴趣爱好对你的购买需求更有决定意义。字节跳动旗下各公司对此研究得最为深入，所以抖音基于兴趣标签和算法，推出了一套全新的用户分类方法，构建了一个全新的“兴趣电商”的概念。在这里，每个人按兴趣爱好被标记，你做过的每一个选择动作和每一次购买行为都会被打上标签，慢慢地每个人身上都会有成千上万个记号，它们汇聚到一起，就构建了一个活生生的人。商家要做的，就是直接把那瓶 5000 元的红酒推送给喜欢它的人，既精准，又不丢失潜在用户。这种精准的用户分类，带来更高的营销和广告效率，自然也带来了更多的广告主和广告收益。

顶尖的推荐算法，还改变了内容推送逻辑。比如一般新闻平台的内容顺序都是主编带着编辑事先排好的固定顺序，但在今日头条这里，原先的固定排序变成了个性化排序，用户先看到的都是自己关心的新闻，这才有了今日头条的口号：“你关心的，才是头条。”基于兴趣算法的内容推送逻辑有别于微信、微博，因为后者的逻辑是：当你作为作者发布内容后，只有关注你的人才能够看得见；也只有你的内容让他喜欢，他才有可能分享给别人；分享出去之后，你才有可能得到更多的粉丝。在这种逻辑下，内容发布者就只得挖空心思满足粉丝的要求。但是在抖音，没有人知道谁能看到自己的视频，你在抖音视频里刷到的内容也大多不是自己关注的账号发布的，你想要讨好谁，都无从下手。所以，你的身份、收入、社会地位等都不重要，重要的只是你的内容而已，决定你的流量的，也只是你的内容而已。

抖音的内容分发也严重依赖技术参与，其分发技术的基础是对内容、用户特征和环境特征三个维度的打标和建模。算法会根据以上三个维度进行评估，有选择性地给用户推荐相应的内容。通过热门内容筛选，加上个性化推荐算法，让内容找到最喜欢的用户，给用户提供最感兴趣的内容，实现用户对内容的价值认同，也就会出现用户可以长时间在抖音中观看视频，甚至“上瘾”的情况。

三、功能特征

抖音在以下几个方面显示了强大的功能特征。

（一）创新界面营造沉浸体验

抖音短视频的用户日均使用时长长达 30 分钟，被称为“有毒”“刷到停不下来”。这和其中巧妙的时间设置密不可分。

从界面设置来说，市面上绝大多数的 App 都会在屏幕的正上方显示时间，用户可以随时注意到时间，做好时间管理。但是，抖音在使用的过程中完全“屏蔽了”系统时间。没有了时间的显示，用户自然难以注意到时间的流逝。“时间”的缺席让用户专注于 App，沉浸其中。

除此之外，每个视频的时间设置也暗合用户心理。单个抖音视频时长只有 15 秒，当用户粉丝数达到 1000 人时官方会为其开启 60 秒长视频权限。这个 15 秒时长的设置完全符合心理学上对于专注力的解释——人的专注力最能集中的时长是 15 秒。一方面，在现代人高度碎片化的快节奏生活中，15 秒超小的时间颗粒完美地填补了现代人的精神空虚，让用户可以在等车、等位、上厕所等一切边角料时间打开 App，并且专注于视频，然后再进行下一条。另一方面，15 秒的时长也要求创作者必须在最短时间内抓住用户的注意力，否则就会被抛弃。所以，抖音上的视频无论搞笑、情感、卖萌、颜艺等任何一类内容，都在 15 秒的单位时间内完成起承转合，给受众强烈的刺激，促使其不断滑动屏幕，去探寻更多未知。

（二）丰富手段完善互动空间

戈夫曼提出，在舞台上，观众是演员互动之外必不可少的第三方互动，正像在日常生活中，人与人之间除了扮演相互互动角色，也互为彼此的观众，并成为第三方观众。在移动互联网时代，当社交网站成为人们活动的主要舞台，与演员在传统舞台上表演能得到观众的掌声一样，在线表达者也希望自己的表演能受到其他网友的关注。

这种关注最为直接的体现，就是用户对视频的点赞、评论、转发。一方面，由于这三项数据是抖音视频分发机制的基础，因此，很多视频创作者都会在视频中吸引用户点赞、评论、转发。另一方面，观众在评论里解读、交流甚至解构视频内容，又形成了特有的“神评论”文化，这些评论丰富和发展了视频内容。特别值得一提的是，抖音在阅读评论的时候，视频会继续播放，而非暂停，这些评论和视频共同构成了新的表演。

在克里斯·安德森提出的长尾理论中，互联网中一切都是为了引人注意的逻辑概括为“曝光文化”。在“曝光文化”下，得到更多的点赞和评论的用户获得更多的曝光机会，这种曝光让内容生产者产生一种愉悦的心理感受，最终鼓励他生成更多的内容。抖音恰好满足了用户的这种心理。抖音将点赞和评论的功能放置在了明显的位置，用户在看视频的同时可以给自己喜欢的视频点赞和评论，而点赞量会激发创作者更大的热情，进而生产更多的内容。同时，亲民的内容也激励了内容消费用户，让内容消费用户产生“我也能拍出高赞的视频”的心理，激发其创作欲望。

抖音平台也会推出各种挑战活动，为跃跃欲试的创作者们提供创作的主题和灵感，在“曝光文化”心理的推动下，内容消费者很容易转变为内容生产者。“拍同款”等活动更是进一步降低了用户的创作门槛。就在这样的内容消费者与内容生产者的转换中，实现了良性循环，不断推动用户创作，推动用户消费内容，最终实现用户在平台上的高活跃度。

（三）极简操作降低选择困难

对很多人来说，“选择”是件费心烧脑的事情。选择意味着要做决策。每一个决策，都需要消耗大脑的能量和带宽。很多的应用基本上靠用户的主动选择，如淘宝的“搜索”功能、微博的“搜索”功能、微信公众号的“点击查看”功能，在短时间内，用户不会感觉到疲劳，但是，长时间的决策，容易让用户产生疲倦感。这种主动式选择都面临着这样的问题。

抖音的切换模式完全是被动式的，主页上只放一个内容，用户不用做出选择，只需要观看，然后滑动，切换至另一个视频，这样的切换模式，完全不需要用户进行思考，做出选择。在这样的无缝切换中，用户的注意力被一个又一个的视频占据、吸引，最终产生“中毒”现象。一个又一个的视频映入用户的眼帘，这些视频都经过个性化推荐定制，是用户可能感兴趣的内容，因此，用户会一直专注于抖音平台。即使出现了用户不满意的内容，那么他也只需要简单地滑动即可切换至另一个，在好奇心的驱使下，这种失望成本几乎为零。

（四）美颜功能满足爱美需求

依托于“头条系”强大的技术团队，抖音在图像和视频美颜方面突出的表现成为人们乐于通过抖音呈现自我的重要原因之一。

首先，抖音推出了实时人像抠图、染发等多种特效。让用户可以在抖音平台上制作自己想要的图像，可以实现用户对自己完美形象的追求。

其次，为了使内容发布者的形象更加完美，抖音增加了人脸识别、美颜和滤镜三个功能。人脸识别采用了AI技术，可以精准识别人脸轮廓和五官，诸如闭眼、嘟嘴、摇头、点头、挑眉和张嘴等动作，都能够准确识别，在复杂环境下，此类功能依旧能够使用。如拍摄对象处于暗光环境下，或是佩戴眼镜，镜头依然可以准确识别。美颜板块则提供了实时磨皮、美白、瘦脸、放大双眼等功能，同时用户还能自主调节这些功能的参数，实现自己最想要的效果。滤镜模块通过多款滤镜的设置修图，能实现各种特殊效果。

2019 年 5 月，抖音官方还推出了一款手机视频编辑工具——剪映，带有强大的剪辑功能，支持变速，有多样滤镜和美颜的效果，配有丰富的曲库资源，最初只在移动端可以使用。自 2021 年 2 月起，剪映支持在手机移动端、Pad 端、Mac 电脑、Windows 电脑全终端使用，功能强大而全面。用户点击开始创作后，可以选择从相册和素材库向库内添加原始视频文件。进入编辑界面后可以看到 10 个功能模块，按重要度在界面底部从左往右排序，剪映用户对于视频剪辑功能的使用也基本遵循这一顺序。剪映内有 20 项小功能，分割、变速、音量等基础功能可以满足用户的基本剪辑诉求，甚至能够自动识别语音，一键添加字幕；有海量的音乐素材，方便为视频添加背景音乐；有“图文成片”功能，可一键自动生成视频，一天做 100 条视频也绝非不可能。

四、兴趣电商的理念

抖音首先是一个内容平台，是一个多边关系的 UGC（用户产生内容）内容型产品。用户在使用的过程中不断生产内容，从而在整个产品功能中形成完整的闭环。微观角度来看，每个用户都能生产内容和观看内容，但在大部分的使用场景中，产品对应的是双边用户关系，即生产爆款视频内容的头部用户，以及通过推荐页面观看的基层用户。同时，抖音又是工具属性延伸出的弱社交化产品。相对于微信（朋友圈）、微博（转发）等强社交化的产品，抖音更多表现出的是基于强运营策略下（推荐页面下通过算法呈现的内容）的弱社交化的表现，用户社交互动更多停留在评论层面，展示出的更多是工具属性。

在戈夫曼看来，个体表演中以一般和固定的方式有规律地为观察者定义情景的那部分是个体表演的“前台”，其中既包括衣着、外貌、社会地位、种族特征等个人前台，也包括舞台上的设施、装饰品以及其他一些为人们在舞台上进行表演活动提供布景和道具的背景项目等舞台设置。抖音作为一个记录日常生活、充分展示自我的软件，其首先扮演的就是用户网络空间中自我呈现的舞台，良好的用户体验是保证抖音健康发展的根本条件。

作为一个商业平台，商业变现是抖音的根本追求。商业变现与用户体验之间的矛盾是抖音发展的根本矛盾之一。抖音要维持运营，必然要寻求商业变现，但短视频行业竞争非常激烈，而且短视频营销尚处于起步阶段，大多数商家还处在观望状态，广告模式粗糙，内容夹杂广告，会极大地影响用户体验。结合抖音传播的特征和商业变现的原则，抖音一改简单的广告呈现方式，在保证广告内容质量的基础上结合产品的特征与抖音的优势，形成健康可持续的“兴趣电商”理念；在创意上与商家合作开发具有故事性、观赏性、引导性的内容，而非直白地呈现广告。

2021 年 4 月 8 日，抖音电商首届生态大会在广州举行。抖音电商总裁康泽宇在主题演讲中，首次阐释了“兴趣电商”概念，即一种基于人们对美好生活的向往，满足用户潜在购物兴趣，提升消费者生活品质的电商。他表示，抖音有良好的内容生态，众多优质创作者，多元化用户和较为成熟的兴趣推荐技术，有很大机会做好兴趣电商。兴趣电商的核心是，主动帮助用户发现他潜在的需求。兴趣电商其实有点儿像逛街。早期大众消费时代，大家是需要什么买什么；后来大家的生活富裕了，出现了很多购物商场、精品店，大家去逛街，也没有什么特别明确的需求，就是看到什么喜欢就买下来。

抖音做电商，是抖音生态的自然延伸。抖音电商的最大优势，是通过“前台”的优秀视觉化内容创作和“中台”的精准数据科技，把原本一些处在“后台”的沉默消费力量唤醒。这对于提供更符合消费者需求的产品、加速产业链的发展有着重要的意义，给消费者带来了值得期待的新空间。抖音电商推出了三大扶持计划，2021 年将帮助 1000 个商家实现年销售额破亿元，其中 100 个新锐品牌年销破亿元；帮助 10 万个优质达人实现年销 10 万元，其中 1 万个达人年销破千万元；帮助 100 款优质商品年销破亿元。此外，抖音平台还将从专项扶持、服务商体系和多维培训等多个方面为商家和达人提供支持。

兴趣电商对整个电商生态有很大价值，会有越来越多的从业者转向兴趣电商。对于消费者而言，兴趣电商能满足其潜在的购物需求，帮助其发掘新的商品服务，进而提升生活品质；对商家而言，能更精准找到自己的消费者，更多被激发出的消费需求会带来更大的市场和机会。

五、辅助变现的手段

为了辅助商家在抖音平台实现流量转化变现，抖音将较其他平台更为丰富的变现手段推到用户面前。

1. 抖音橱窗

打开抖音“创作者服务中心”，在“内容变现”中找到“商品橱窗”功能，点击完成“实名认证”即可开通商品分享功能。然后需要满足两个条件：①发布视频≥ 10 个（公开且审核通过视频）；②账号粉丝量≥ 1000 人，即可进阶，成功开通抖音橱窗功能。解锁商品橱窗权限后，就拥有了个人主页电商橱窗，商户可以把自己购买过的商品分享到抖音上，添加在自己的橱窗里，完成基础的商品分享。用户进入橱窗页面，即可看到所有的商品，点击即可购买橱窗中的任意商品。通过商品橱窗的开通，还可以申请视频购物车和抖音小店。

2. 抖音小店

小店是为自媒体作者提供的电商变现工具，帮助自媒体作者拓宽内容变现渠道，提升流量的价值。抖音小店开通后，可以在头条号、抖音、火山的平台个人主页展示专属的店铺页面，商品可通过微头条、视频、文章等多种方式进行展示曝光。粉丝可以在今日头条、西瓜视频、火山、抖音App内进行内容获取、商品购买，购买用户可以直接转化成为粉丝，帮作者形成完整的流量闭环。抖音小店需要有一定的抖音粉丝量，必须大于或者等于30万人，西瓜、火山或者头条的账号粉丝量要求达到10万人，资料一定要齐全，要拥有淘宝、天猫和京东的第三方平台。

3. 抖音门店

抖音门店，也叫作抖店，是抖音App针对中小客户推出的一款区域营销产品，能够满足线上开店诉求，主力线上种草和线下转化。抖音门店不同于抖音小店，抖音门店主要面向线下，其提供的服务也偏线下类，包括餐饮、休闲娱乐等，而抖音小店则主要提供实物产品的购买，两者提供的产品类型差异较大。从服务对象来看，抖音门店主要是推荐给本地用户人群，抖音小店则是面向全国范围的；抖音门店的认证资质要求较高，至少需要符合企业账号，抖音小店认证则根据账号商家自己的情况来决定是否要进行企业认证。

4. 抖音蓝V

抖音蓝V也叫抖音企业号，于2018年6月1日开通，企业商家如果想要在这个流量巨大的抖音平台做生意，就要认证抖音蓝V。开通抖音蓝V需要具备的条件：①已有抖音账号，且账号信息（头像、用户名、签名）符合企业认证信息；②提交账号信息相对应的企业主体营业执照彩色扫描件；③提交认证公函加盖公章的彩色扫描件；④其他资质文件，如网站ICP备案查询截图、商标注册证扫描件、软件著作权证扫描件、其他品牌授权文件扫描件。资料提交后2个工作日完成资质审核，如资质无误，2个工作日即可开通认证。抖音蓝V可以给商家带来的好处是：①认证外显标识。认证可通过搜索、个人主页、推荐好友、直播简介、私信消息页面、关注列表得到展现，它能体现平台背书、彰显官方权威，使账号更有说服力。②昵称搜索置顶及锁定保护。兴趣用户全昵称搜索时蓝V认证账号置于顶部，用户能第一时间关注到我们的官方账户，杜绝冒牌，维护企业形象。同时抖音企业认证昵称不允许重名，企业认证采取先到先得原则，保护了企业的昵称权利。③视频内容置顶。将着重推广的视频置顶，加大内容曝光，推广想要推的内容，针对性更强。④官网链接和电话组件。主页可放官网H5链接，头条建站链接，京东、淘宝、天猫店铺链接等，还可放手机号、座机号等直接联系方式，给用户更多的企业信息，产生更多的商业价值。⑤商家页面。抖音蓝V认证企业可拥有自己的商家页面，品牌信息、产品单页、POI店铺信息等都可展示在商家页面，让用户有效地了解商家的基本情况。

5. 星图平台

为了构建可持续的抖音内容营销生态，让优质营销内容得到更高、更有效的传播，抖音上线了“星图平台”，星图平台与微博微任务以及快手快接单功能类似，是用于抖音广告交易的独立平台，为品牌方、MCN公司和艺人/达人服务并收取分成，在这可以实现订单接收、签约管理、项目汇总、数据查看等，比如说品牌方有内容需求，可以在抖音星图选择合适的艺人或达人进行营销，抖音账号要求粉丝数量10万人及以上。这其实就是平台专门给抖音达人跟广告商提供交易的地方，并且平台需要收取一定的服务费，服务包括多方位打广告而不被拦截删除等。抖音星图特点包括：①内容的人性化：许多品牌会根据自身定位调性及抖音的传播性质给自己建立特殊的人设，利用相匹配的KOL进行投放，还可以在评论区积极地互动交流，反映自身亲民特质，以人性化赢得用户喜爱；②内容参与感强：抖音的用户有自己非常鲜明的特质，更碎片化、视频化的抖音，能让品牌在KOL投放时支撑起更故事化、可互动、易模仿的内容，让用户参与进来，引发高频次曝光；③内容影响力大：在抖音平台，百万粉丝的KOL数不胜数，有非常高的人气，每一个KOL都能代表一个圈层的用户，能最大范围地覆盖用户群体，引发话题讨论。星图平台可实现订单接收、签约达人管理、项目汇总、数据查看等功能，实现内容交易过程中多重交易角色的连接与沟通。如此一来，在内容的沟通与修改，数据沉淀和效果输出上，抖音都能通过星图实现一站式在线管理，使内容交易更加规范和高效。如果不通过星图而私自接广告，官方的处理流程是这样的：第一次删帖，第二次封号7天，第三次封号3个月，第四次直接封号。

6. DOU+

DOU+是为抖音创作者提供的视频加热工具，能够高效提升视频播放量与互动量，提升内容的曝光效果，助力抖音用户的多样化需求。简单地说，DOU+就是一个面向个人的广告投放工具，可以通过向平台按需付费的方式将自己拍摄的视频推广出去，目的是获得更多的曝光（点赞、评论、转发）和粉丝关注，于是就有了DOU+服务。DOU+具有四大功能：①更多曝光：获得更大范围的作品推荐，提升人气；②更多互动：获得更多兴趣用户的互动及关注，提升互动；③吸引流量：让更多用户看到你的直播状态，进入你的直播间；④为创作者打call：支持代投他人视频，为你喜爱的那个创作者送上神秘惊喜。DOU+还具有多重优势：①操作便捷：App端可直接操作使用；②互动性强：多触点交互，强力聚粉效果清晰可见；③流量优质：基于抖音平台优质用户流量，强力增加热度。

7. 抖音小助手

抖音小助手就是抖音的管理员，用户 @ 它的目的就是上推荐、上热门，毕竟对于抖音的管理员来说，它是有权利将用户的视频推荐上热门的。不过抖音小助手每天要看海量的作品，因此作品本身的质量也要过硬，能够真正地吸引人，才更有可能被推送到精选位置；除了能够带来更高的视频播放热度之外，用户使用抖音小助手还能够看到每周精选的视频内容，这些视频一般都是近期抖音热门视频的风向标，对于创作出更受欢迎的视频十分有帮助。

8. 电商小助手

抖音官方 2021 年的开年大戏，从连续几天的抖音带货训练开始。抖音官方成立了抖音好物联盟，网罗了抖音的头部优秀零售选手，利用官方电商小助手直播通道，对这批种子用户进行训练，指导抖音购物车使用、抖音小店申请、抖音直播带货的经验技巧等内容。

9. 抖音创作者学院

为什么视频审核不通过？视频怎么上热门？我的账号为什么不“涨粉”？这些抖音创作者最为关心的问题都可以在创作者学院找到官方解答。创作者学院的入口位于抖音个人主页侧边栏的“创作者服务中心”内，全部课程都以视频形态呈现，发布了包括平台规则、制作、运营、“涨粉”、变现方法在内的官方指导课程。在首批上线的课程中，“平台规则”课程最引人关注，该门课程分为审核规则和推荐规则两部分。审核规则明确列举了抖音上被禁止发布、限制传播的内容类型。除了违法违规等法律明确禁止的内容外，对公众尤其是未成年人有不良导向的内容也在平台严格限制。“推荐规则”课程则讲解了抖音推荐系统工作的基本原理，明确建议用户持续稳定地发布作品，创作高质量作品，形成自己独特的风格。在

2019年8月的抖音创作者大会上，抖音市场总经理支颖特别介绍了抖音产品主要的发展方向——关注和同城。支颖表示，抖音将优化提升关注流量和本地流量的权重占比，让流量配比更合理、更稳定，创作者将能够得到更多来自粉丝和同城的流量。创作者学院也有课程详细介绍了抖音关注、同城、搜索等模块的工作原理。例如，进入同城页的用户对于本地信息更感兴趣，而好的封面标题更有助于视频在同城页获得较好的点击和分发。在详细介绍了平台规则外，首批课程还为用户的抖音创作提供了细致的指导。“内容创作升级”课程以创作和运营两部分介绍了抖音通用的基础知识。“内容创作指北”课程里指导用户如何选择拍摄、剪辑工具，制作一条优质的抖音视频。“内容运营指南”课程则剖析了目前抖音常见的内容形态，为内容定位、打造爆款视频提供了大量干货。“品类内容进阶”课程则更为细致地按照知识、生活、娱乐、正能量四大类，分别对泛知识、体育、美食、旅行、非遗、校园、媒体、政务、二次元、游戏等不同垂类进行针对的讲解。为了给用户提供更多实践信息，绝大多数课程都邀请了抖音上知名的创作者结合亲身经历进行讲解。例如，抖音上拥有近2000万人粉丝的用户“贫穷料理”就现身说法，讲解自己创作美食视频的经验和心得。此外，创作者学院还包含了变现课程，分别讲解了购物车、直播、星图等变现功能的使用方式。据抖音相关负责人介绍，创作者学院将不断更新，为用户提供最新最权威的官方信息，帮助每位用户更好地记录生活。

总之，抖音平台的发展最终体现在用户的黏性和平台文化的建立上，不以消费用户体验来换取商业变现，而是思考如何让用户参与到商业变现中来，是抖音有特色、可持续发展的不二法门。在短短四五年时间里，抖音的定位一再调整，道路却越走越宽广，不能不说这是一个现象级的App，其成功经验值得深入分析，认真总结。

今日头条
——用户关心的，才是头条*

开发机构： 北京字节跳动科技有限公司

使用情况： 安卓市场38亿次安装，552人评分

苹果商店275万人评分

上线时间： 2012年

产品定性： 新闻阅读类应用

同类应用： 凤凰新闻、新浪新闻、搜狐新闻、网易新闻、百度极速版、UC浏览器、全现在、红板报等

截至2020年12月，我国网民总体规模已占全球网民的1/5，“十三五”期间，我国网民规模从6.88亿增加到9.89亿，五年增长了43.7%。手机网民数量已达9.86亿，我国网民使用手机上网的比例高达99.7%。手机网络新闻用户规模达7.2亿，占手机网民的77%，手机越来越成为人们生

* 本文由北京印刷学院新闻与传播专业2019级硕士研究生廉旭宏、2020级硕士研究生刘欠等提供初稿。

活中必不可少的信息资讯获取工具，人们对于从手机中获取资讯的依赖越来越强烈，需求越来越旺盛。大数据技术的发展越来越多地运用于传播领域，新闻资讯的传播朝着越来越高效、快捷、准确的方向发展，在此情况下，利用爬虫技术进行各类资讯内容的抓取，而本身并不大量生产内容的聚合类新闻客户端，在渠道为王的今天，得到了飞速发展。这类型的手机 App 中的佼佼者当属字节跳动开发的“今日头条”App，以下将从属性、特点、功能、运营策略和品牌传播五个方面对其进行 SWOT 分析。

一、属性分析

今日头条是一款基于大数据算法推荐的聚合类、个性化的新闻资讯类产品，主要以新闻资讯为主体内容，此外涵盖了小视频、游戏、音乐、问答、电子商城、金融、股票等多个领域，内容十分丰富，涉猎范围甚广，满足了用户大众的大部分需求。今日头条的定位，从创始之初就明确，成为把分散的内容创作者和具有获取内容需求的大量人群连接起来的信息媒介。头条产品通过其对用户行为的分析、先进的推荐引擎技术支持为各类用户快速、高效地提供其想看的内容。

（一）聚合类、个性化新闻客户端

今日头条官网当时的文案是这样形容自己的：“一款会自动学习的资讯软件，它会聪明地分析你的兴趣爱好，自动为你推荐喜欢的内容，并且越用越懂你。你关心的，才是头条！”从今日头条的宣传语不难看出，其产品定位更突出信息传递的个性化，通过用户行为分析、推荐引擎技术支持，实现个性化、精准化的新闻资讯推荐，满足用户日常新闻阅读、分享的需求。

今日头条主要的内容生产由爬虫机器和头条号作者完成，少部分由运营人员完成，经过机器审核和智能分发，为用户提供个性化服务，如图1所示。

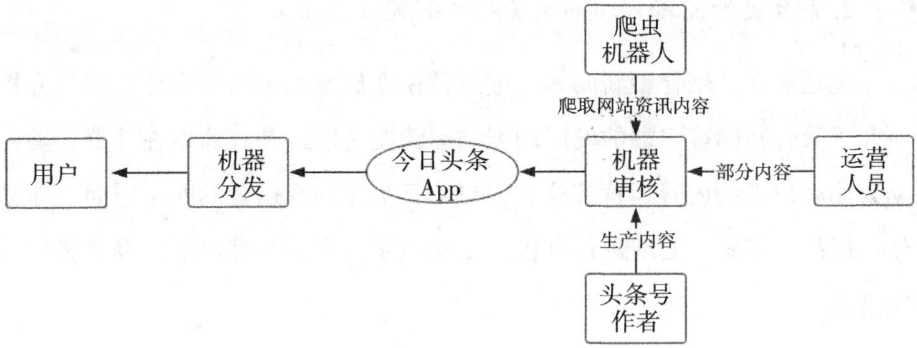

图1　今日头条内容生产流程

这种新型的媒体模式虽然很好地适应了当前市场的需要，但学术界对此还缺少系统性研究。国外的研究主要集中在个性化推荐的利弊分析，直接对聚合类新闻客户端的研究并不多。国内对于聚合类新闻客户端的研究主要集中在版权和技术两个方面，而对于其他方面并没有过多涉及，因此，应该说聚合类新闻客户端的研究和应用都处在探索时期，主要集中在以下三个方面。

1. 聚合类新闻客户端的把关机制研究

杨舒涵在《算法新闻生产中的把关机制研究——以聚合类新闻客户端为例》中探索了算法新闻生产中的把关问题，归纳其把关主体的构成，对把关机制与流程进行概括，并对算法新闻生产中把关存在的问题提出了改进建议[1]；刘思文在《基于机器算法的新"新闻生产"与把关人理论探索——以"今日头条"为案例》中以聚合类新闻客户端今日头条为分析案例，依照"把关人"理论从个人到组织到社会控制的研究层级，分析基于

[1] 杨舒涵.算法新闻生产中的把关机制研究——以聚合类新闻客户端为例[D].济南：山东师范大学，2019.

机器算法的新闻生产（新“新闻生产”）的把关过程，进一步探索“把关人”理论在当下的嬗变。[1]

2. 聚合类新闻客户端的运营模式研究

况达喆在《聚合型新闻客户端运营模式研究》中运用实证和案例分析研究了聚合新闻客户端的发展动因和运营发展模式[2]；冀榕在《聚合类移动新闻客户端的内容运营策略》中对今日头条内容运营的四个层面，即创作、成品、审核、变现进行分析，以期为聚合类新闻客户端的发展提供经验借鉴。[3]

3. 聚合类新闻客户端的传播策略研究

曹素贞在《聚合类新闻客户端的传播模式与优化策略——以“今日头条”为例》中探讨了聚合类新闻客户端的传播模式，主要包括媒介分析：“网络＋新闻客户端”的产品引擎；内容分析：“热点＋个性化推荐＋关注”的内容分发；平台分析：“信息交互＋媒体社交化”的传播渠道；受众分析：“精准推荐＋UGC”的用户理念；效果分析：“认知态度＋行动”的信息共享。[4]

学界关于今日头条本身的研究文献较少，且停留在研究今日头条的产品逻辑层面，缺乏对其盈利模式和发展策略的研究。今日头条的成功不仅仅依靠它的个性化推荐系统，多元化的盈利模式也是其获得巨额融资的重要原因之一。应该从各个角度研究“今日头条”这个产品，并和其同类产品进行比较、分析，能够对这类聚合新闻客户端有更为深入的理解。

---

[1] 刘思文．基于机器算法的新“新闻生产”与把关人理论探索——以“今日头条”为案例 [D]. 武汉：湖北大学，2017.

[2] 况达喆．聚合型新闻客户端运营模式研究 [D]. 南宁：广西大学，2018.

[3] 冀榕．聚合类移动新闻客户端的内容运营策略 [J]. 新闻世界，2020（1）:52-54.

[4] 曹素贞．聚合类新闻客户端的传播模式与优化策略——以“今日头条”为例 [D]. 石家庄：河北经贸大学，2018.

（二）聚合类新闻客户端溯源

所谓的聚合类新闻客户端是指将传统媒体、自媒体等各种形式的媒体作为信息来源，利用平台优势对各类内容进行整合、筛选，然后依据用户的兴趣偏好，利用算法进行计算分析，得出用户画像，从而进行个性化内容推送的产品形式。目前在国内，今日头条是典型的聚合类新闻客户端。

在 PC 时代，网络新闻主要通过“四大门户”网站（新浪、网易、搜狐、腾讯）发布。但随着互联网时代的到来，信息发布接收的便捷性带来了“信息爆炸”和“信息冗余”的问题，使得有效信息的搜索难度增大，在这种情况下，如何使推送的信息能够更好地符合用户的需要成为新闻客户端面临的一个重大问题，因此以个性化推荐为特长的聚合类新闻客户端很好地符合了市场发展的需要。

回顾历史，我们可以看到聚合类新闻客户端是一步一步发展起来的。

1. RSS 起源阶段

20 世纪 90 年代 RSS 技术的出现可以看作聚合新闻客户端的最早雏形。RSS 是 Really Simple Syndication（真正信息聚合）的英文缩写，是一种网站内容的聚合格式。就本质来说，RSS 是一种信息聚合的方式，通过 RSS 客户端，用户可以根据自己的兴趣从海量的信息中获取喜爱的内容，并将其放在个人订阅的页面中，形成个性化的阅读。这些被个人选择的内容放在一个单独的页面内以使人们无须打开不同的页面就可以获取各种实时更新的信息资讯。国内应用 RSS 技术最为典型的是新浪网。

RSS 技术虽然主要应用于 PC 时代，但是因为它对不同网页内容进行集聚，因此可以将其看作聚合新闻的雏形，该技术一经推广就得到了广泛应用，成为用户接收信息最主要的方式。但是由于 RSS 无法进行智能化信息筛选，导致大量低俗化信息的传播，同时这项技术也无法进行链接的跳转，使得网站的广告盈利模式陷入了困境。基于以上两点原因，RSS 逐渐退出了新闻市场，目前其主要作为一种技术，不再作为主要应用产品形式。

2. 搜索引擎过渡阶段

万维网的普及使得网络信息呈几何级的增长，在这种情况下，网民查询信息就需要借助他人的指导，而搜索引擎的出现很好地满足了人们信息搜索的需求。搜索引擎可以分为网络蜘蛛型搜索引擎和基于人工分类目录的搜索引擎两种。用户接收信息的方式也因为搜索引擎的出现发生了很大的改变，移动化、碎片化的信息接收特点越来越突出，再加上各种应用软件的发展，为使用移动媒体获取信息提供了可能。此时，人们不再利用在网页上输入查询内容的方式来获取信息，而是使用应用软件类的搜索引擎来获取信息。典型的搜索引擎有百度、谷歌等。

3. 聚合类新闻客户端阶段

随着微信、微博等社交软件的发展，社交功能成为人们选择信息获取方式的主要衡量标准之一。而搜索引擎是“孤岛式”的发展，无法跨越客户端运行，也不能获取社交软件的信息，因此搜索引擎不断发展，从单纯的搜索引擎向与社区结合的方向发展，聚合类新闻客户端应运而生。

内容分享的社交化是聚合类新闻客户端的主要特点之一，用户可以将网页上感兴趣的内容分享到社交软件上，促进了社群关系的形成。再加上大数据和算法技术的应用，降低了人们获取信息的时间成本，简洁化的页面更是适应了人们搜索信息的习惯，这些优势都使得聚合类新闻客户端成为当下主要获取资讯的方式。

社交属性指的是用户之间的互动反馈，在今日头条中体现在用户可以对内容进行点赞、评论、转发。头条好友可以在对方的个人主页看到这些内容，还可以转发到微信和QQ进行传播。除了与内容相关的社交，今日头条也可以通过手机通讯录导入好友，用户间可以发私信直接互动，但是用户还没有养成通过头条私信进行聊天的使用习惯。

横向来看，想要发展社交属性的不止今日头条一家，还有阿里巴巴、新浪微博、百度，甚至连浏览器都开始发展产品的社交属性。在新浪微博公布的2019年第四季度财报中，净利润为1.665亿美元，同比增长27%，取得不错财报的原因正是社交价值得到释放，微博一直都在强化社交内容生态体系，凭借社交媒体优势，赋能内容创作者，从而创造出更多变现机会。淘宝方面也在不断融入社交元素，发展社交电商，不断推出线上拼团功能，推出“亲情账号”，挖掘用户身边的社交关系，同时也引入直播，并造就一大批淘宝达人，增加用户黏性，也带来用户转化率的提升。至于在2021年用户数量首度超过淘宝的拼多多，相比淘宝而言有更强大的社交功能属性。

二、特点分析

今日头条所有的新闻信息推送都是由一套基于代码的算法完成的，其特点表现在以下几个方面。

（一）信息集聚化

聚合类新闻客户端一个显著的特点就在于它不依靠自己的力量生产内容，而是创造了一个发布内容的平台，各类信息发布主体都可以在上面发布信息，再加上互联网和智能手机的普及，使得信息发布的成本几乎为零，这些优势都在很大程度上扩大了聚合类新闻客户端的信息量。

聚合类新闻客户端很好地突出了“聚合”的特点，作为“一站式”的智能化聚合终端，它将不同媒介作为信息源，通过“搬运”的方式获取内容，同时对各类信息进行“标签化”处理，使用户可以通过一次浏览获取各类所需内容。以今日头条客户端为例，从信息来源来看，既包括了各种自媒体、个人，也包括了一些主流媒体；从内容的形式上来看，不仅有文字、图片、音频等形式，也具有短视频、现场直播等新兴形式。

（二）用户中心化

用户思维和流量思维是聚合类媒体制胜的法宝。“以用户为中心”在聚合类新闻客户端中主要表现在两个方面：一方面，将用户的特性为信息推送的依据，做到真正的个性化和差异化信息传播。聚合类新闻客户端凭借着强大的数据分析能力，既提供给用户个性化的阅读体验，也对平台上的内容进行实时测评分析，依据用户的兴趣对于关注度不高的内容及形式可以随时进行整改，提高信息传播效果。例如，在今日头条客户端上用户可以利用社交账户进行登录，以用户在社交网站上所发布的内容为依据，分析用户的兴趣爱好，从而进行个性化的精准推送。另一方面，用户可以在平台上自主发布内容，打破传播者与受众之间的身份界限，使得以往的“受众”真正变为新闻信息的“产销者”，从而也使客户端上所呈现的内容更大程度地符合受众的趣味。

根据卡茨的“使用与满足理论”，当一种媒介及其内容能够不断地满足用户的客观需求时，用户对此媒介的依赖性也会增强，聚合类新闻客户端差异化的信息推送模式极大地方便了用户的信息搜索，增加了用户的依赖性，为其发展开辟了广阔的用户市场。以今日头条客户端为例，截至2018年，日活跃用户已达到2000万，占据了新闻客户端的龙头位置。

（三）推送个性化

推送个性化主要体现在用户自主选择频道、个性化内容推荐和个性化体验三方面。例如，一些热门娱乐八卦事件，用户只是出于好奇心浏览阅读，但今日头条在之后的一段时间往往连续把众多用户之前并没有阅读兴趣、根本不需要的娱乐八卦推送给用户，可能会使用户陷入一间仅有娱乐八卦的信息“密室”当中，很难浏览到其他领域的信息。但我们可以从另一方面分析，如果系统都给用户推荐他们自己感兴趣的、最想浏览的内容，实际上是让用户进入一个个封闭的“信息茧房”。

应该说，聚合类新闻客户端不同于传统的新闻生产方式，移动化的设备使得新闻生产呈现出短平快的特点，实时更新更成为其最大的优势，新闻传播由传统媒体时代的“及时性”转变为“即时性”。以今日头条为例，页面上的新闻大约十几分钟更新一次，保证用户在第一时间获得最新的新闻资讯，甚至还将用户所在的位置融入其中，根据用户位置的变化推送用户所在位置的新闻，做到真正的“实时性”。例如，今日头条新闻客户端会根据用户的所在位置实时推送该地区的天气状况、私家车限号信息等，在充分发挥新闻接近性的同时，又提升了新闻推送的差异化和个性化，提高了用户黏性。

（四）分享社交化

在新媒体时代，信息传播的范围和影响力成为衡量一个媒体发展潜力的重要指标，随着社交媒体的影响力越来越大，社交软件也成为人们获取信息的一条重要途径，社交化已成为了当下扩大信息传播范围最有效的方式之一。通过微信、微博等社交软件，媒体平台上内容不仅可以进一步地得到扩散，而且也可以进一步增强该媒体平台的用户黏性。

聚合类新闻客户端将社交化引入，使其媒体平台不单单具有媒介的属性，还具有了社交平台的属性。以今日头条为例，用户浏览多样化新闻的同时还可以将自己感兴趣的内容分享到微信、微博等社交平台，也可以在分享的同时进行时事评论。社交元素的加入拓宽了信息传播的维度，扩大了用户的使用规模，构建了共享式的阅读模式。

“你关心的，才是头条”，这是人们在今日头条启动及刷新时页面显示的字样，正是这句能引起受众产生共鸣的标语，成为今日头条给受众的“承诺”。

三、功能分析

今日头条的主要功能包括首页、西瓜视频、小视频、推荐、关注、发布、搜索等。其中首页采用了标签导航的设计，用户可以在同层页面中进行切换，纵向滑动浏览信息，横向滑动切换频道，包含的频道有推荐、视频、体育、娱乐、军事、科技等，方便用户在最短的时间里找到自己感兴趣的内容。如果用户看到平台推荐给自己不感兴趣的内容，还可以在首页列表界面点击删除键，将这类型的资讯关闭，如果用户后期改变了想法，又想要对自己删除的资讯类型有所了解，则可以点击添加，将这类资讯再添加回来。

在西瓜视频中，各类资讯多以短视频的方式进行呈现，这里的短视频不同于抖音短视频，时间短的只有几秒钟，时间长的可达几十分钟，涉及的内容题材多种多样，包含影视剧片段、游戏直播片段、社会新闻片段、NBA 比赛画面、音乐 MV 等，尽可能地满足用户的视听体验。

“小视频”类似于抖音短视频，用户可点赞、评论、收藏、转发、举报，同样可以通过双击屏幕完成点赞，并可以手动撤销点赞。不同的是，抖音短视频通过纵向滑动切换视频，而今日头条里的“小视频”则是通过横向滑动手势来切换视频。

“头条号”是今日头条的特色功能之一，用户可以通过与今日头条完成头条作者签约进行内容生产，也就是我们常说的 UGC，签约头条号的作者（用户）可以发布文章、视频等内容，并且可以通过浏览者打赏的方式获取收益，这样不仅提升了今日头条内容生产的原创度，又为自媒体创业者提供了创作的新平台和发布的新渠道。在首页上就可以直接发表文章，还可以看到有多少个订阅用户、推荐用户、头条号指数，还能看到所有文章的累计阅读量以及今日头条的一些公告等。

此外今日头条还开通了好友功能，使得用户可以在今日头条上互加好友，互相进行点赞、评论，还可以点击关注，观看他人的动态，通过私信与他人进行交流互动，极大地提升了互动性。

四、运营分析

今日头条聚合新闻客户端的发展壮大，适应了传媒领域以下几个方面的重大变革。

（一）媒体业的变革：平台型媒体的崛起

在互联网时代，日益更新的新媒体成为传统媒体发展的最大阻碍，很大程度上抢占了传统媒体的受众市场，受众的流失导致“二次售卖”模式失灵，收入也因此呈“断崖式”下跌，随之而来的是话语权的丧失和舆论引导能力的下降，在这种情况下传统媒体亟须进行媒体转型。

在当下媒介发展的环境中，互联网成为其主要框架，以技术为依托的聚合类新闻客户端创造了一个全新的媒体形式，即平台型媒体。美国人乔纳森·格里克在2014年2月7日发表的《平台型媒体的崛起》一文中首次提出了“平台型媒体”一词，引起了巨大的关注。所谓的“平台型媒体”是指既有传统媒体编辑的专业性，也有内容数字实体。它同时兼具了传统媒体的专业性和互联网平台的开放性双重优势，它不将内容作为自己的核心竞争力，而是注重打造一个集聚内容的平台，同时它也不仅仅是一个自媒体平台，在这个平台中还有各种规则，内容生产者和用户都要遵循这些规则以保证平台的良性发展。今日头条是当前具有代表性的平台型媒体。

作为平台型媒体，“用户至上”一直是今日头条所秉持的服务理念，对用户体验的极度重视，促使其对产品形态、发布渠道、信息规模不断追求，在此过程中，逐渐形成了较为成熟的平台型媒体产业链。如今日头条等聚合类新闻客户端利用算法新闻推荐可以针对用户的需求进行新闻生产、根据用户的兴趣进行新闻分发、不断根据用户的行为变化进行及时调整。新闻生产由以传播者为中心转变为以受众为中心，由单向传播形式转变为环形传播形式，助推了整个新闻业生产方式的变革。

（二）传播主体的变革：PGC+UGC 的生产模式

在传统媒体中，受众只是扮演着接收者的角色，而今日头条的出现打破了这种专业化内容生产模式，用户可以自主上传内容，传统媒体和网络媒体拥有同等信息发布的权利，所发布的内容都可以通过算法推荐的运作得以传播。内容生产的主体由专业的网站变为用户，制度化的生产变为"自媒体式"的生产。在聚合类新闻客户端中，传播主体的多元性使得传播主体的身份角色进一步弱化，信息的价值点成为其关注的主要内容。

此外，"头条号"的出现更是进一步促进了用户发布信息的积极性。"头条号"致力于帮助自媒体在移动客户端获得更多的关注度，扩大自身的影响力，从而实现内容变现。同时，今日头条也可以利用这个用户自主创造内容的平台输出更多优质的内容，进一步增强用户黏性。

（三）用户使用媒介的变革：算法推荐下的使用与满足

互联网打造了一个"泛在化"的信息环境，在提高信息搜索便捷性的同时也带来了信息冗余，使大量垃圾信息、低俗信息充斥其中，加剧了有效信息查询的难度。今日头条客户端的一大优势就是运用算法技术，通过大数据进行用户数据抓取和分析，从而针对用户特性进行个性化、智能化的新闻生产和分发。在自动化推送信息的过程中，对于软新闻，可以很好地依据用户的兴趣和日常网络行为来判断其信息偏好，从而实现分众传播和精准传播；对于硬新闻，今日头条的页面将进行实时呈现，兼顾到了公众利益。聚合类新闻客户端利用算法推荐技术，一方面提高了新闻生产和新闻分发效率，另一方面也提升了传播效果。

今日头条等聚合类新闻客户端对用户使用媒介的变革具体体现在两个方面，一是用户接收信息方式，二是用户对媒体的满意度。今日头条新闻客户端依托于互联网和大数据，对用户的阅读习惯和兴趣偏好进行数据抓取，经过计算分析后得出用户画像，针对用户的特性进行新闻的生产与分发，满足用户的个性化需求。在今日头条客户端中，根据用户兴趣可以做到个性化搜索、个性化订阅、个性化推荐、个性化屏蔽。

另外，聚合类新闻客户端一直保持着较高的用户满意度。iMedia Research（艾媒咨询）数据显示，2019 年第四季度，今日头条以 50.1% 的活跃用户占比领跑中国手机新闻客户端市场，中国手机新闻客户端整体用户分布格局的头部效应逐渐显现。

（四）传播内容的变革：内容丰富下的长尾效应

传统新闻生产是一种“大众化”的生产模式，因为成本、技术等各方面因素的限制，所关注的是大多数人的需求，新闻机构从自身定位和目标受众出发，将“自认为”有新闻价值的信息传递给受众。在这种运行模式中，虽然能够在最大程度上保证新闻的公共性，坚持以公众利益为标准，但是很难对受众的多层次需求进行有针对性的满足，一些个性化的需求被忽视。

而聚合类新闻客户端完全突破了这种生产方式，以今日头条为例，它没有自己的新闻编创团队，但是这并不影响平台内容的丰富性，相反，今日头条通过版权买入和用户自主生产内容的方式所形成内容的规模和数量是传统媒体无法媲美的。今日头条手机客户端拥有娱乐、科技、体育、国际等十几种版块内容，能够很好地满足不同用户的需求。另外，内容的丰富还表现在形式的丰富上，今日头条客户端中除了文字和图片的表现形式外，还通过视频、直播的形式进行信息传递，符合当下用户移动化、碎片化的阅读习惯。

同时，利用互联网的快捷便利和低成本，聚合类新闻客户端逐渐形成了一种平台话题引爆机制，对于一个热点事件，进行不同角度的分析，用户不仅可以了解事件的发展过程，也可以获得事件的前因后果和细节等方面的信息，由此带来了信息的长尾效应。

（五）媒体形态的变革：不同媒介形态的组合

在传统媒体时代，“内容为王”是媒体发展的根本，而聚合类新闻客户端则将技术作为发展的依托，充分发挥平台的优势，将不同媒体上的内容和不同的报道形式作为自己的信息源，既有传统媒体图文的内容，也有自媒体视频类的内容，将不同媒介形态的内容进行整合，既保持了传统媒体的专业性和权威性，也顺应了当下新闻“娱乐化”的趋势。

今日头条的客户端上，有百分之七十以上的内容来自网络媒体，剩下的则来自传统媒体和各种机构。在今日头条的页面上查询媒介融合，既有来自传统媒体的研究报告（如人民网），其保证了内容的权威性和严肃性，也有来自网络媒体的最新报道，最大程度地保障新闻的时效性。

五、问题分析

今日头条聚合类新闻客户端存在着以下几个方面的问题。

（一）机器把关带来把关隐患

传统的新闻生产中，“把关人”是媒体内部的专业人员，把关的标准严格遵循新闻价值，将公众利益作为最根本的价值追求，把关标准具有公共性和专业性。而在聚合类新闻客户端的运营过程中，“把关人”从媒介工作人员变成了机器，把关标准也随之发生了变化，商业性和个性化成为主要的把关标准，在大多数情况下所推送的信息是人所“want”的东西而非人“need”的东西。

今日头条客户端在运行的过程中为了提高效率引入了机器人把关的模式，但由于把关标准的异化，该模式并不能很好地适应当前新闻客户端的发展。2017 年 12 月 29 日，由于今日头条新闻客户端持续传播色情内容等低俗信息，污染了大众视听，国家网信办管理部门对其进行约谈整改。随后《人民日报》更是三批今日头条被算法绑架，没有尽到媒体平台“把关人”的职责。这些问题的出现使得“机器把关”模式受到争议。

（二）弱化新闻报道，削弱新闻核心

目前国内的聚合类新闻客户端大多数都是扮演着“集合者”的角色，将各种新闻资讯进行聚集，同时以技术依托，利用大数据分析用户兴趣后进行个性化推荐，并不是以原创内容作为信息发布的来源。今日头条客户端更是直接将“我们不做新闻，我们是新闻的搬运工”作为口号。这样的运营模式中缺乏新闻报道，只是将各种信息进行集聚和分类，拓宽了新闻的范围，模糊了新闻与信息的界限，有些信息并不是新闻，但是今日头条也会将其当作新闻进行传播，看似丰富内容的背后是对新闻本质的漠视，导致大量同质化内容的出现，直接损害了新闻的专业性。

今日头条新闻客户端没有自己专业的新闻团队，因此专业的新闻采编发流程在今日头条新闻客户端中是不存在的，它的运行模式就是把一天的头条新闻进行聚合。以 2019 年 4 月 13 日今日头条推荐内容为例，内容来自央视新闻、新华网客户端、环球网及自媒体，并没有今日头条自己所报道的内容，这与新闻的本质是直接相违背的。

（三）算法新闻推荐存在“信息茧房”问题

今日头条利用算法推荐技术提升传播效果的同时也造成了用户接受信息的单一化、同质化，加固了“信息茧房”。桑斯坦教授在《信息乌托邦》中首次提出了“信息茧房”的概念：在信息传播的过程中，因公众自身的需求并非是全方位的，公众只注意到自己选择的东西和令自己愉悦的通信领域，久而久之，就将自己置身于蚕茧一般的“茧房”中。用户在运用今日头条客户端时可以根据自己的兴趣选择浏览的内容，平台同时也根据用户的偏好进行推荐，久而久之，用户看到的内容只是用户想看到和喜欢看

到的内容，从而隔绝了多元化的信息。这种信息接收方式加剧了个人的偏见，特别是在“同观点”的群体中容易发生极端行为。

（四）缺乏原创内容，存在版权争议

作为“新闻的搬运工”，今日头条并不以原创内容见长而是将各种信息进行集聚，因此自成立起，今日头条就面临着版权争议的问题。随着越来越多的内容在今日头条上传播，版权问题也日益严重。自2014年起，今日头条已经遇到了超过了10件媒体侵权案件。尽管今日头条的创始人张一鸣在最初并不承认侵权行为，但是国家版权局明确表示，今日头条将内容和图片直接进行刊登而非用链接跳转的形式确实侵害了原创者的版权。最为典型的案件是腾讯起诉今日头条，在此案件中，法院认定其中的287件系列案件，今日头条构成侵权，需要赔偿腾讯公司经济损失及合理开支每案810元至1980元不等，总计27万余元。技术至上的今日头条所面临的版权问题犹如多米诺骨牌，在一桩又一桩侵权官司的制约下，使其成为当下亟须解决的问题之一。

六、发展分析

今日头条聚合类新闻客户端今后的发展，应该从以下几个方面着手发力。

（一）提高编辑原创内容比例，打造核心竞争力

今日头条作为新兴的媒体平台，技术制胜成为最显著的标志，极大地突出了数字传播时代的底层逻辑——“联接为王”。然而，过分依靠技术偏向的“联接逻辑”忽视了对优质内容的追求，容易陷入韦伯所言的“技术理性”炽热的泥淖，同时仅仅依靠“联接逻辑”无法真正实现具有全新意义的创新，优质的内容通过视角、深度所体现的人文关怀是技术所无法

弥补的，只有闪烁着人文精神的优质内容才是推动社会转型与发展的创新源泉。

因此，“内容为王”仍然是新媒体发展的根本价值所在，今日头条要想保持长久的发展必须打造一批专业的编辑团队，立足当下媒介融合的大浪潮，积极与传统媒体进行合作，发挥传统媒体的资源优势和今日头条的平台优势，打造出既符合互联网思维又能保持新闻内涵的原创内容，提升自身核心竞争力。

（二）形成“机器＋人工”的把关模式，优化机器算法

互联网的快速发展赋予了用户前所未有的主动权，“UGC”成为主要的内容生产模式之一，这就使得网络上的内容出现了大幅度的增长。同时，层出不穷技术的发展又使得图片、视频、音频等各种形式的内容不断涌现。这都加剧了把关的难度，单纯依靠人工进行把关已不可能，机器把关成为必然的选择。然而，在今日头条客户端运行过程中，机器把关与对流量的追求使得大量低俗内容充斥其中。因此，为进一步优化把关模式，需要将机器与人工进行结合，使把关标准既能够满足用户个性化的需求，又能符合新闻的发展要求。

今日头条在这一方面也积极进行了探索，2018 年 3 月 28 日，今日头条正式上线“灵犬”反低俗小程序，它可以直接检测出平台上内容的性质。同年 5 月 7 日，今日头条又邀请了各界学者、媒体人成立专家团，共同监督平台内容与服务。截至 2018 年，今日头条投入了 5000 多人力进行人工检测。这些措施在很大程度上减少了算法推荐带来的弊端，然而该模式仍在实验阶段，依然需要进行更多的探索。

（三）探索新型运营模式，明确版权意识

今日头条聚合新闻客户端的个性化等特点很好地适应了互联网时代的

发展要求，弥补了新闻定制的市场空白，受到了用户的欢迎。然而，算法推荐技术在运用的过程中也出现了一些弊端，如信息茧房、低俗内容的泛滥、版权争议等。

面对这些问题，今日头条一方面需要继续优化当前的运营模式，努力使其适合新闻业的发展要求；另一方面也需要积极探索新型的发展模式，为平台的发展不断注入活力。例如，聚合类新闻客户端可以借鉴“分答”的模式，将其引入新闻生产模式中，充分发挥互联网时代下的知识盈余，针对有需要的用户进行专业化生产。更重要的，新闻作为一种知识内容，享有知识版权，任何新型的媒体在发展的过程中都必须遵循这一价值底线，加强法律法规的学习，在保护自己著作权的同时也要尊重他人的版权，共同促进新闻业的良性发展。

七、结语

通过对聚合类新闻客户端的基本情况的介绍以及其对新闻业发展的价值和存在的问题进行总结研究，可以发现，聚合类新闻客户端适应了当前新闻业的发展，代表了未来资讯类客户端的发展方向，对传统媒体解决当前的生存困境具有很好的借鉴意义。

但是必须认识到，建立在技术之上的聚合类新闻客户端在运行的过程中存在着许多问题，其中最为严重的是对新闻核心的弱化和版权争议，这直接关系到新闻内容的发展。因此，必须加强聚合类新闻客户端的原创能力，形成专业化的编辑队伍，进一步优化算法推荐技术，这样才能保障其更好地发展。

技术的不断发展、商业资本的入驻、用户需求的不断更新都会促使传播信息媒介的不断演变，这是社会发展的要求，但是无论如何变化，新闻的内涵和新闻专业主义不会变，人们对新闻质地和责任的追求不会变，这是新闻业最基本的底线。

网易云音乐
——音乐的力量 *

开发机构： 杭州乐读科技有限公司

使用情况： 安卓市场 30 亿次安装，1.3 万人评分

苹果商店 114 万人评分

上线时间： 2013 年

产品定性： 影音娱乐类应用

同类应用： 酷狗音乐、QQ 音乐、咪咕音乐、酷我音乐等

近年来，音乐软件越来越多，种类也越来越丰富。为了追求规模化，大部分音乐软件都是基于大众化的音乐需求开发的，只能满足大部分用户的基本需求，而很难照顾到用户的个性化感受。而网易却另辟蹊径，试图用一种“不打扰”又“有选择”的方式，让不同的用户在网易云音乐里找回自我的个性。“不打扰”是不强行把过多的内容呈现给用户，“有选择”

* 本文由北京印刷学院新闻与传播专业 2013 级硕士研究生方宇荣、2016 级硕士研究生黄秋秋、2018 级硕士研究生彭毓姬提供初稿。

是尊重用户选择权，调动用户的积极性，让他们愿意持续留在这个平台上。

目前看来，网易云音乐在这两点上很好地契合了年轻用户的口味，在用户数量激增的同时保持高活跃等。有的人喜欢网易云音乐是因为它有320Kbps音质体验还免费，有的人喜欢它是因为精准的歌曲推荐，有的人喜欢它是因为自己一个主播朋友在这里开设了个人电台……总之，网易云音乐作为在线音乐平台的代表之一，采用“音乐＋社交”的独特运营方式，建立了自己的泛音乐生态圈，迅速成为在线音乐市场中的巨头，虽然期间经历过灰色歌单、服务器故障等问题，但在用户渗透率方面排名仍居行业前三，用户渗透率增长率第一，用户数量也增长迅速。早在2019年8月8日，网易公司发布2019年第二季度财报，据当天的财报分析师电话会议披露，当时网易云音乐总用户数已突破8亿，同比增长50%；付费有效会员数同比增长135%。

一、基本情况

（一）属性

网易云音乐是一款专注于发现与分享的音乐服务平台，依托专业音乐人、DJ、好友推荐及社交功能，为用户打造全新的音乐生活。网易云音乐打破传统模式，以歌单、DJ节目、社交、地理位置为核心要素，主打发现和分享。

网易云音乐在2013年4月23日正式发布，该在线音乐服务主打歌单、社交、大牌推荐和音乐指纹，在强敌环伺的在线音乐市场中打出了自己旗帜。与此同时，对应的App也已登录ios、Android等平台，在2014年5月推出了PC端和适配iPad的HD版本。

在网易云音乐ios应用中，用户主要通过其他用户的歌单或电台DJ的节目来发现音乐，这与市面上普遍的榜单式找歌相比，独具一格。歌单也正是云音乐构成社交音乐属性的基础。用户创建一个歌单，其他用户可以收听、分享和收藏，用户的分享与收藏行为构建成一个个好友信息流（Feed）和用户自己的时间轴（Timeline）。

从整体上来看，音乐市场并非一个快速增量的市场，每年进入音乐市场中的用户数量是按照人口数量平缓增长的。对于一个新人市场的音乐软件来说，它很难通过做大“蛋糕”的方式来获得用户，只能和其他音乐软件来争抢用户。抢用户的关键就是，人无我有。网易云音乐和深耕在线音乐多年的酷狗、百度音乐、酷我、QQ 音乐等音乐软件相比，确实比较年轻，但是以它攻城略地、迅猛发展的架势来看，它并不简单。

（二）功能特点

相比市场上其他音乐产品，网易云音乐主打歌单、社交、大牌推荐、音乐指纹技术四项功能，其主要特点包括以下方面。

（1）用户可以根据自己的喜好创建、收藏、分享歌单，应用以用户创建的歌单为基本线索。虽然歌单并非网易独创，不过网易云音乐让用户在移动设备上创建和管理歌单变得非常简单，辅之以社交分享、有限的标签管理、下载歌单等功能，使用户体验非常顺畅和便捷。无数产品已经证明歌单是一种非常好的歌曲再组织形式，拥有天生的 UGC 特性和多样玩法，网易云音乐非常尊重并充分强调了听歌人对歌单的喜爱。

（2）用户可以导入原有手机通讯录、SNS 关系，或者借助网易云音乐自身 LBS 功能构建音乐社交圈。如绑定微博账号后就能找到微博中已经在使用网易云音乐的好友，进而关注、收听他们分享的音乐。

（3）大牌 DJ 为你推荐音乐，DJ 包括人气歌手、主持人以及知名音乐人。DJ 节目以十几分钟的音频为形式，类似轻量级的电台节目，但会在页面中显示该节目包含的歌曲信息，可以直接对这些歌曲进行收藏。

（4）应用首页以瀑布流的形式展示了各类歌单和推荐 DJ，有比较熟悉的榜单，也有主题性质的歌单，比如滚石最伟大的英文歌曲、看球听歌等。此外还有人气歌手推荐的自己喜欢的歌曲。

（5）用户可以建立自己的主页，互相关注，分享音乐，用户的动态可在这个圈子里即时呈现。一般音乐产品最头痛的事莫过于没有社交链条，但网易云音乐让用户通过绑定手机通讯录、微博、人人网等发现已有用户，关注对方后，即可以看到朋友的音乐行为。

（6）网易云音乐包含 DJ 及音乐人独家自制节目。电台 DJ 节目可算是云音乐非常独特的一部分，充分发挥了网易的媒体资源。专业 DJ 背后专业的录制让用户不再像以前手机上听音乐那样，歌曲与歌曲之间的过渡粗暴而无力，DJ 的推荐语让好音乐更容易打动我们。

（7）应用音乐指纹技术，通过听取音乐旋律，帮助用户找到歌曲。

（8）添加地理位置功能。用户可以查看身边在使用网易云音乐听歌的人和他在听的歌曲，也可以添加关注。

（9）强化用户自建歌单。由于产品引导用户绑定了账号，让用户自建歌单显得方便了很多。另外，只有进入了歌单才能下载。因此，鼓励用户生成内容的行为也增强了用户黏性。

（10）网易云音乐号称拥有百万曲库，每首都是 CD 音质。用户在用手机听歌时，也能感受到 CD 音质，更能免费离线收听；它还吸引了千位明星入驻，创建私房歌单，录制独家 DJ 节目，推荐他们心中的好音乐；用户可以关注明星、DJ 和好友，通过浏览他们的动态、收藏和分享，发现更多好音乐。

（三）功能类型

打开网易云音乐，丰富的内容被归整得很清晰，可以一次尽收眼底。发现音乐、我的音乐、朋友、账号这四大服务功能水平浮于音乐专题图片播放的上方。四大功能被平衡置于顶端，形成一条包含全部内容的总菜单，用户可以迅速做出决定是去发现歌曲还是听歌或是以乐会友、查看动态。在总菜单栏里，四大功能分别有对应的子菜单目录。比如点开“发现”，其主推的推荐、歌单、主播电台、排行榜一字排开，具体内容各自再分别以图片加文字标签的形式推送给用户，用户可以根据其准确的标签文字找到自己的喜好，享受音乐，同时交上几个志同道合的朋友。

1. 发现音乐

发现音乐包括推荐、歌单、主播电台、排行榜四部分内容。推荐下又分热门推荐、个性化推荐和最新音乐。其中个性化推荐是根据用户喜欢的单曲风格或者歌手来进行推荐的，命中率比较高。

歌单下的全部歌单是根据收听次数来推荐的，所推荐的都是播放率高的音乐。全部歌单右边可以选择分类，用户可根据语种、场景、风格、情感、主题来寻找自己感兴趣的音乐。

主播电台下主要是分类和推荐，分类共有 3 页，每页 8 个项目，分别是明星做主播、音乐故事、情感调频、脱口秀、偶像后援团、有声读物、翻唱、动漫、人在旅途、娱乐八卦、校园、外语世界、影视周边、人文历史、亲子宝贝、广播剧、相声曲艺和我要做主播。

排行榜分官方榜、全球榜和用户榜。其中官方榜下列有云音乐新歌榜、云音乐热歌榜、网易原创歌曲榜、云音乐飙升榜、云音乐歌手榜；全球榜下列有云音乐电音榜、UK 排行榜周榜、美国 Billboard 周榜、Beatport 全球电子舞曲榜、法国 NRJ EuroHot 30 周榜等多种榜单；用户榜下有音乐达人榜和音乐新人榜。

2. 我的音乐

我的音乐中分上下两部分。上面是下载音乐、最近播放、我的歌手、我的电台。下面是用户自己创建的歌单。最上角的更多选项里可以导入音乐、新建歌单和管理歌单。

3. 朋友

朋友下分“关注”和“附近”，“关注”中的内容类似于微博更新，这里更新的都是用户所关注的对象分享的内容，不光可以分享单曲，只要是网易云音乐里的内容都可以在这里和朋友一起分享。“附近”可查看周边的人在收听什么音乐。左上角可以添加“关注”，云音乐提供了三类人群可供关注，分别是认识的人、明星用户和音乐达人。

4. 账号

用户可以绑定微博等账号，这样便于发现认识的朋友并及时地和大家互动，共享好听的音乐。

二、运营特点

（一）UGC 的重点建设

移动互联网时代的全面到来，改变了人们的生活方式，人们不但是互联网内容的接受主体，更是内容创造的主体，网易云音乐对此有着清醒的认识，并不断进行用户生产内容的建设。用户在网易云音乐发表乐评、分享故事本身就是一种 UGC 传播，从互联网的发展来看，这一行为最大的价值之一便是解构了固有的精英话语体系，让名不见经传的普通用户登上了音乐舞台。

首先，网易云音乐推出的歌单功能弱化了专辑的概念，大流量首页推荐等方式既调动了用户创建歌单的积极性，鼓励用户自发将偏好明显的歌曲收集在一起，又有利于喜好类似的用户将同款音乐“一网打尽”。网易云音乐用户自主创建优质歌单总数超4亿个，日均创建优质歌单量达62万个，其中不乏如《震撼心灵的史诗音乐》这样播放量超过3000万的社交媒体热门歌单。其次，网易云音乐的“乐评”及“发布动态”功能的门槛较低，参与性和话题性很高，用户既能生产形式多样的内容，诸如文字、图片、短视频等，又能通过“点赞”“回复”“发转”等方式自行筛选出优质的评论内容，形成良性的循环：好歌触发人心——用户产出优质的内容——形成特别的用户体验——吸引更多的用户，这个相互促进的过程不仅加深了用户的参与感，同时提高了用户黏性。最后，网易云音乐的核心用户是其培养的一批独立音乐人，他们的音乐审美和音乐需求较高，并且本身就拥有一些忠实的粉丝，他们生产出了很多内容丰富的音乐作品，也活跃在主播电台、歌词翻译、乐评专栏等模块中，这些内容口口相传，在被多数的主流用户享用的同时也提升了“网易云音乐”的知名度。

UGC的内容建设，不仅为“网易云音乐”本身的内容带来了创新与活力，同时也不断依靠新的内容吸引新的用户，以用户换口碑，以口碑赢发展。

（二）先进的技术支撑

网易云音乐通过社交形式，用手机端把用户数据、音乐消费数据聚合，沉淀在该平台中，利用该平台的巨大用户量、消费数据、用户操作行为数据去整合音乐产业链的上下游。

网易云音乐将个性化推荐作为最核心的产品功能，致力于打造小众音乐内容，不同的用户看到的App首页内容并不相同。它利用大数据和云计算，采取人工推荐与机器推荐相结合的方式创造了一种更为个性化的音乐推送模式，通过“每日推荐”和“私人FM”两个模块，将不同类型的音乐推送给有着不同音乐偏好的人，降低了用户的搜寻成本，增强了用户在网易云音乐听歌的体验度，牢牢抓住了大部分用户“想听歌又不能明确说出想听什么歌”的心理需求，给了用户良好的体验感。同时，大数据及云计算的应用也为音乐内容的制作方、发行方等音乐产业链的相关参与者提供了一个新的面向终端用户的渠道。

不仅如此，网易云音乐还会记录每个用户特殊的音乐时刻，2018 年和 2019 年 1 月初，每一个网易云用户都收到了一份属于自己的年度音乐报告，从报告中用户能够了解到自己这一年的听歌偏好，给用户留下了一份别样情怀。

（三）社交生态圈的构架

网易云音乐的定位就是音乐社交平台，在其之前的在线音乐平台从未有过此类的属性定位，“老前辈们”忙于着眼于如何扩充曲库，如何创建更多分类，引入更多排行。但实际上，这种传统的以“排行榜”或“分类”为“线索”的单向的搜索模式，只是将音乐软件从电脑端移植到了手机客户端，已难以满足移动互联网用户的需求。

而网易云音乐的社交属性，意识到了受众迫切想要向用户转变的心情，它一改单向、被动的局面，扩大音乐社交范围，以用户对数字音乐的共同爱好为基础，构建了一个健康的音乐生态圈，为用户提供了深度社交的空间，这也成为网易云音乐区别于其他音乐平台的竞争点之一。

网易云音乐帮助用户在移动社交形式中找到和分享音乐，通过社区中的用户传播良好的音乐，为每个用户创建个人主页，并呈现用户最近在主页上听到的音乐、喜爱的音乐、收藏的歌曲。同时，用户之间通过相互关注，在任何时候都能共享到朋友推荐的音乐，结合 LBS 功能，可以利用音乐链接陌生人，打造自己的音乐社交圈。

音乐是以情感来表达内心情感的艺术，具有唤起人感情的力量，不同的人听同样的歌曲，感触也并不相同。网易云音乐将音乐与社交进行了充分连接，成功使一个数字音乐应用软件摆脱了原有音乐播放器的刻板定位，从而成长为一个有态度、有温度、有情感、有社交联系的音乐社区，大大增强了用户的黏性。

（四）精准的场景营销

网易云音乐的营销仍旧依托于它最引以为傲的算法技术和用户生产内容。它善于利用自己的优势，一方面，通过大数据技术对用户进行深层分析，了解用户的内心需求，搭建多种场景，另一方面，再利用优质的UGC，引发情感共鸣，“走心”的营销手段，牢牢抓住了用户的心。

例如，线上，网易云音乐将歌单进行细致的场景化分类，并打造“跑步FM”模块，不遗余力将吃饭、跑步、游泳、睡前、起来上班路上、中午午休等任何一个场景与音乐关联起来。其副总裁丁博表示，更多的场景意味着更多商业变现的可能。“一个具体场景的搭建意味着会有更多的唱片公司，更多的艺人，更多的合作伙伴，更多的优质广告主与我们合作，实现更多的商业进程。”线下，网易云音乐更加侧重场景中对内容与用户心理的结合，“乐评专列”瞄准了城市青年的“孤独感”，它将地铁站设为场景，这是它的目标受众——年轻用户最集中的地方，漫长的通勤路上无人交流，听音乐是主要的休闲方式，而相对封闭的车厢更有利于人们沉浸在音乐气氛中。之后的音乐专机活动也是同理，只是相对于乐评来说，歌单更能缓解长途旅程场景中的无聊。

三、现存问题

（一）版权缺失严重

在线音乐平台的核心竞争力终究是版权，网易云音乐虽然以“技术+内容”给用户带来了良好的体验，俘获了大批忠实拥护者，但在版权获取方面的短板依然是其发展中最大的隐患。

2015年7月9日，国家版权局发布的《关于责令网络音乐服务商停止未经授权传播音乐作品的通知》，被称为“最严版权令”，曾经的行业巨头多米音乐因此开始走下坡路。一组公开数据显示，2015年“最严版权令”之后，网易云音乐多次受到影响，出现歌曲下架、歌单变灰等“危机”。虽然因其长期致力打造的音乐社交，用户忠诚度较高，版权危机并未造成过大影响，但多次“有惊无险”也难免使用户对其产生了质疑。

此外，2018年，网易云音乐分别与腾讯音乐、阿里音乐完成了版权互授；同年3月，全球最大的独立音乐数字版权代理机构Merlin也分别与以上三家公司达成合作。版权的互授与合作使在线音乐市场出现了短暂的平衡。2018年4月5日，腾讯音乐娱乐集团发表声明称，暂停与“网易云音乐”的转授权合作洽谈；同年12月12日，腾讯音乐娱乐集团上市。本就在版权资源方面势单力薄的网易云音乐面临更大的危机。虽然其长期致力于独立音乐人的培养，希望通过加码原创的方式来获取版权优势，但其他在线音乐平台也有音乐人培养计划，且独立音乐人的版权体量尚不能与流行音乐人同日而语；另外，音乐人的培养是一个漫长的过程，而版权危机就在眼下，远水难解近渴。

（二）盈利模式单一

音乐市场虽规模庞大，但始终未能建立起行之有效的盈利模式，知识付费的时代尚未到来，虽然有部分用户已经愿意为音乐付费，但习惯培养也是一个漫长的过长，传统的“付费模式”无论是国内还是国外，都没有非常成功的先例。这也是包括网易云音乐在内的所有在线音乐平台难以解决的问题。

因此，创新盈利模式，如何从音乐付费以外的渠道来获取收益是在线音乐平台要认真思考的问题。

四、发展策略

（一）重视原创、加强合作

网易云音乐针对音乐版权缺失问题，提出了两项发展策略。

随着版权的价格不断上涨，网易云音乐致力于独立音乐人的培养，为优秀独立音乐人创作歌曲和从事的音乐工作提供资金、设备和一些宝贵的演出机会，帮助他们创作音乐，赢得听众，创造收入。2016年11月，网易云音乐推出“石头计划”，正式发起对独立音乐人的扶持。培养独立音乐人有利于从源头发掘原创音乐，提高在未来掌握更多版权的可能。

除了培养独立音乐人之外，加强行业合作也是一条可取之路。网易云音乐开展了多方合作获取更多音乐版权，但其在寻找合作之路上也可谓一波三折。

2018年3月，在国家版权局的推动下，腾讯、阿里、网易云音乐达成版权互授；2018年4月，腾讯音乐娱乐集团便发表声明暂停与网易云音乐的转授权合作洽谈；2018年10月，网易云音乐与百度达成合作，百度既是一个超级流量入口，又在2015年与太合音乐合并，至此网易云音乐终于找到了一个无论在流量还是版权上都可以和腾讯相抗衡的合作伙伴。

（二）创新盈利模式

在盈利模式的创新上，各家都在围绕着“音乐”做加法，无论是通过流量变现还是增加音乐版权以外的付费内容，都是全生态的一种产业思路。

腾讯音乐的招股书显示，截至2018年9月30日，腾讯音乐在线音乐业务月活跃用户为6.55亿人次，但付费用户只有2490万人，付费比例仅为3.8%。其虽然顶着“音乐”的名，但其最主要的收入来源，是围绕音乐建立起的娱乐生态，其中尤以直播对盈利贡献最大。

网易云音乐也在不遗余力地发展音乐传播生态，拓展音乐消费场景，以上两家音乐平台的发展策略对于网易云音乐不无启示。例如，网易邮箱会员、严选会员、考拉会员，是否有可能和网易云音乐会员之间做一些商业上的协同和嫁接？又或者网易云音乐是否可以将加大涉足综艺节目的制作和一些 IP 影视的歌曲制作的力度纳入打造泛音乐生态圈的重要环节？一方面增强盈利，一方面加强音乐平台的宣传推广等。

五、对在线音乐平台的启示

（一）差异化定位，为用户提供高品质音乐服务

随着大部分音乐资源版权共享，除了对独家版权的追逐，摆脱同质化，寻求平台的差异化和个性化发展，为用户提供“选择依据”成为各大音乐平台需要考虑的又一难题。2013 年，当酷我音乐、QQ 音乐、多米音乐等平台急于争夺版权，扩充曲库的时候，网易云音乐异军突起，利用差异化的属性定位弥补了版权方面的不足，在在线音乐市场中成功分得一杯羹。

而今，创新条件都几乎趋同，当技术优势逐渐消失，版权优势减弱的时候，如何找准用户“痛点”，为其提供人性化的服务和真诚地为用户创造良好的音乐环境的态度，才是在线音乐平台个性化、差别化发展的根本所在，也是其制胜法宝之一。

（二）正视、重视音乐版权的重要性

诚如上文所说，音乐版权是在线音乐平台发展的核心资源，也是满足用户音乐需求的重要保障。网易云音乐因为版权问题多次陷入危机，虽然其用户人数不降反增，但根据 QuestMobile 最新报告，相比上一年同期，

2018年7月网易云音乐和腾讯系音乐App的重合人数翻番，独占率出现下降。网易云音乐的独占用户占比为50.2%，也就是说，有一半安装了网易云音乐的用户，同时也安装了腾讯系音乐App。网易云音乐凭借个性化、差异化的定位等给自己撑起了一个生存的空间，虽然在现阶段几乎不可取代，但倘若失去版权的“撑腰”，歌单一旦变灰，再多的情怀也将无处安放。此问题也绝非网易云音乐独有，在线音乐平台在版权方面仍要深思发展策略。

（三）进一步强化社交属性，做好社群运营

虽然当前各大主流在线音乐平台在功能设置、运营策略等方面都融入了许多社交元素，但是面对社交功能的同质化和受众日益提升的音乐社交需求，在线音乐平台在社交化发展方面仍旧任重而道远。

互联网时代，在线音乐平台用户的社交需求处于不断发展的过程中，因此，推动在线音乐平台实现更高程度的社交化，是其运营工作的重要方向。在线音乐平台必须围绕用户的社交需求，对社交服务做出持续优化。具体而言，主要有以下两个方面：第一，应强化对音乐评论区的管理，避免音乐评论区出现低质量、消极的评论信息，以及粉丝骂战、水军刷评的混乱状况，为受众社交互动创造良好的氛围；第二，在线音乐平台可以依据大数据，建立小组，聚合用户，促使用户在在线音乐平台中开展更频繁的交流互动，实现“弱关系”向“强关系”转化，凝结为更加牢固的社群，并培养社群成员为内容付费的习惯，激励其生产更优质的原创内容反哺平台。

LOFTER
——让兴趣，更有趣 *

开发机构：网易（杭州）网络有限公司

上线时间：2012 年

产品定性：泛兴趣社区类应用

同类应用：会玩、半次元、Soul 等

LOFTER，中文名“乐乎”，被“95 后”年轻人群称为“老福特”，是网易公司于 2011 年完成内测、2012 年正式推出的一款轻博客产品，功能属性介于博客与微博之间。LOFTER 主要以图片社交为主，口号为“专注兴趣，分享创作”和“让兴趣，更有趣”，是一款专注于为用户提供简约、方便、有品质、重原创的内容生产社区，同时也是一个专注于兴趣与分享创作的展示平台，致力于满足用户在轻松的环境中写作、阅读以及分享的需求。

---

* 本文由北京印刷学院新闻与传播专业 2013 级硕士研究生张紫璇、2016 级硕士研究生牛春毅、2019 级硕士研究生李祎峣提供初稿。

一、属性

LOFTER 来源于 LOFT 一词。LOFT，起源于纽约 SOHO 区，代表高大而敞开的空间，具有流动性、开放性、透明性、艺术性等特征。在 LOFT 空间中，人们可以肆意构建自己梦想中的生活，而不必担心被现有的框架束缚或限制。LOFTER，顾名思义，即渴望在自己的空间中创造、展示自我的一群人，他们对日常生活有着惊人的热情，擅长从生活中创造与发现美感，并以图片的形式（后又增加视频、音频、链接等）呈现与分享。LOFTER 用户因此被称为 LOFTER 生活美学的发现者与践行者。

目前，图片社交可以分为三个阶段，第一阶段是以美颜相机为代表的各种滤镜相机应用；第二阶段是以脸萌、LINE Camera 为代表的个性化图片编辑软件；第三阶段则是具备了社交属性的产品。LOFTER 在创立初期参考了国外应用 Tumblr，其创立之初的种子用户几乎都是网易摄影上的专业摄影师，主要通过图片分享进行互动交流。

近几年，通过用户数据分析，发现 LOFTER 的用户年龄群主要集中在 15~35 岁的少年与青年，“95 后”占据 LOFTER 的用户比例越来越高，现已经超过了 60%，使用人群逐渐年轻化，其中便包括了许多诸如绘画、明星、二次元等垂直领域的低龄化但又兼顾高质量的用户群体，使用户更具年轻化、文艺化的特征。为了迎合陆续入驻的多种类型的用户群体，LOFTER 根据内容领域的发散又添加了长文、动图等信息展现形式，从而为二次元、同人写手等用户群体分享文章并进行相互交流等提供一个舒适的平台。

因此，虽然 LOFTER 目前仍然是以“图片社交”为中心进行运作发展的图片社交产品，但它已然不是只专注于图片社交，而是在文字、图片、音频、视频等多个产品属维度共同发展的过程中将图片作为核心来进行交互连接。

二、传播方式

在 LOFTER 上，每天都有上百万个生活方式作品的诞生，这里聚集了包括了摄影师、插画师、手作匠人、同人写手、手账作者、健身爱好者、美食爱好者等各个领域内的品质生活家与领域达人，在 LOFTER 的自由空间里，每一个用户都能够凭借自己的兴趣，通过在 LOFTER 找寻到相同兴趣的同伴。

如果说博客更倾向于长篇表达，微博则更倾向于社交与即时传播，LOFTER 作为轻博客，既不同于微博也不同于博客。

相较于专注自我表达的博客，LOFTER 更具包容性与即时性，为平台营造了比起博客更加良好的使用氛围，更加便捷地建立自己的兴趣圈网络，使得用户能够在使用过程中拥有更具参与感与满足感的体验。

相较于微博，微博不受限制的用户群体与庞大的用户规模并不是很适合倾向和谐交流的趣缘群体（人们因兴趣爱好相同而结成的社会群体）特别是小众群体使用，而 LOFTER 正好为这些趣向明确的群体提供了一个兴趣圈子。无论是大众化兴趣，还是冷门爱好，用户都能够在 LOFTER 上通过标签检索找到想要的结果。轻博客、博客、微博对比见表 1。

表 1　轻博客、博客、微博对比

属性	轻博客	博客	微博
内容形式	图片、文字、视频、链接、音频等	全部支持	文字、图片、音频、链接、视频
关系	单向关注 非公开、非对等交流	无	单向关注 公开、对等交流
展示	突出富媒体	自定义	缩略富媒体
界面	自定义	自定义	更换背景

续表

属性	轻博客	博客	微博
用户群	精英、小众	偏高端大众	偏低端大众
时效性	较强	最弱	最强
复杂度	低	高	最低

在 Web 2.0 时代，博客、微博和轻博客都是网络大众信息传播工具。从传播模式和传播特点来看，博客是一种单向交互，更倾向于单向表达。博客相对于微博和轻博客传播性不强，博主缺少传播自己博客内容的有效途径和方法，传播基本上是靠网站的二次传播，需要网站管理员把博客内容放到网站首页里做宣传，才能被大量的人看到。

微博依靠人为节点，以关注、转发和评论为媒介，多中心一对多的多级传播模式。在微博的传播过程中，人既是信息传播者，也是信息使用者。微博可以一点对多点，也可以点对点。通过关注、转发和评论信息，人与人之间建立联系，信息也呈网状流动和增殖裂变。

轻博客类似于博客的单向表达，但是也具有微博关注、转载、评论等的社交功能。不同的是以 LOFTER 为代表的轻博客以兴趣为分类，由不同用户共同完成，增加了不同用户间的互动性，跟传统博客一对多的传播模式有很大的区别。轻博客也不同于微博以人为中心的传播模式而是基于内容的单向交互，这使用户更能自如地表达和分享自己的兴趣、观点和思想，并通过共同兴趣加深用户间的互动和联系，通过大众传播平台和媒介建立新的圈子。在传播模式上类似一本杂志的传播，具有投稿功能，感兴趣的用户可以进行投稿并订阅。没有把关人，用户既是作者、编辑，也可以是读者，这种单向“订阅”的方式使更多素不相识的读者通过关注和评论相同的博主，加入自己的关系图，并建立起友谊和社交关系。

三、发展现状

根据 LOFTER 提供的数据显示，LOFTER 上已形成了摄影、生活、影视、次元、游戏、娱乐、时尚等多个兴趣领域，累计移动端用户超过 7000 万，日用户停留时长超过 50 分钟。而通过易观千帆网的数据，我们可以看到，LOFTER 在 2019 年的活跃人数稳中有涨，在 2019 年 5 月时，LOFTER 的月活跃人数保持在 240.2 万，到了 2019 年 10 月，月活跃人数稳步升至 280.8 万。

LOFTER 的日活跃人数相对来说波动较大，根据 2019 年 11 月的日活跃数据来看，LOFTER 在 11 月 16 日迎来了本月的日活峰值，当日活跃人数超过了 200 万，其余时间日活数量基本维持在 150 万 ~ 200 万。在 2019 年度图片社交应用市场中占据第二的位置，与月活 740 万的 in 应用还有很大差距。

四、特征分析

LOFTER 自上线以来，产品进行了几十次的版本迭代。“轻博客 + 图片”的社交模式令它成为一个别具一格的图片社交应用。App 底部的 tab 导航分为 5 个模块，分别是“首页”“发现”“发布”“市集”和“我的”，比较容易操作。进入 App 时首先会进入启动页面，LOFTER 的启动页面只显示其标志，突出了轻博客简单的特点。之后会出现当季活动或联动产品的开屏广告，这些广告除了增加应用销售额外，也起到了一定的督促用户参与活动的作用。进入 App 后则会定格在发现页。

在 LOFTER 上，每一位用户都是平等的。轻博客的用户更加希望自己的作品能够得到更多的点赞认可，而不是广大的无差别网友的两极分化似的反馈。因此，通过标签功能，LOFTER 上每一个领域的用户都可以直接通过特定标签形成不同的垂直频道，从而不断进行同好间的发现、互动、再发现的良性循环。在 LOFTER 上，无论是成为知名博主还是小透明，用户都可以自行选择，不需要充值来获取会员特权，因此也不会受到外在条件的限制与规定。

从使用体验上来看，LOFTER 的界面十分简洁清晰，图片的分享以及浏览十分便捷，这种以图片为主要呈现方式，以文字、视频为次要呈现模式的展现形式，能够更便捷、更客观、更直接地满足当下用户群体在社交操作上的需求，同时也能够更直接、更具传播性和分享性地表达出用户的想法。用户可以根据自己所关注的标签获得相应算法推荐产生的内容，也可以自行搜索标签、浏览热门标签，从而避免陷入自己的信息孤岛。

五、功能分析

LOFTER 作为一款图片社交为主的轻博客应用，它的特色功能一直都与平台本身的定位——生活美学者有关，圈住了用户追求生活品质，以图片社交模式为切入点，展示自身对品质生活美学的重视，从而也成为一个满足了大批极具创造力与活跃度的垂直领域用户需求的，依靠 UGC 内容发展壮大的兴趣社区平台。

从特色内容来看，标签一直以来都是 LOFTER 用户常用到的特色功能。标签推荐的目的在于引导用户参与标签，生产内容。一级页面推荐的标签和用户口味是否吻合直接影响用户是否跳转进入相应的二级页面，进一步影响通过该渠道用户生产内容的转化率，同时也可以避免不同领域用户产生不必要的分歧（如一级标签所区分开的二次元与三次元群体等）。

从内容的生产方面来看，LOFTER 的主要功能可以分为如下几点。

（一）随时随地采用便捷的方式分享图片与文字作品

用户可以直接通过“发布键”进行音乐、文字、图片和视频的即时发布。

（二）根据兴趣爱好发现自己的同好

应用的首页分为四个频道：关注、订阅、用户推荐和添加关注。其中，关注界面会发布已关注用户发布的内容，而订阅界面则会发布用户所关注的标签相关内容（不一定是关注用户所发），用户推荐则会推荐一些常关注的标签相关的作者。这三个部分保证了用户能够去自发获取信息。同时，首页会直接展示关注人的动态，而不是单纯靠内容热度进行排名，如此便可以让用户第一眼看到感兴趣人的动态，促进了兴趣爱好者之间的社交，并在一定程度上降低了使用成本，这也与 LOFTER 的兴趣图片社交理念相符。

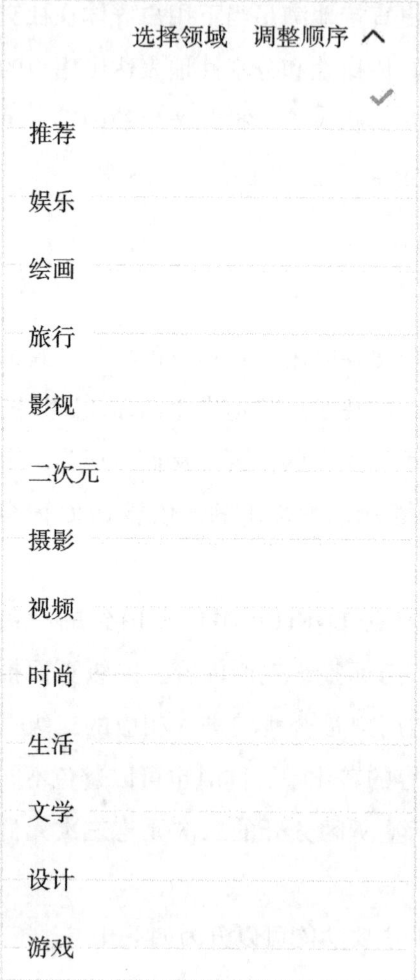

图 1　细分频道

发现页面分为推荐频道以及细分频道，用户一方面可以通过推荐频道找到自己感兴趣的或当下正流行的内容，同时也可以进入细分频道寻找相应领域的内容，用户可以通过调整顺序让自己感兴趣的内容更靠前放置。LOFTER 目前的细分频道包括娱乐、绘画、旅行、影视、二次元、摄影、视频、时尚、生活、文学、设计、游戏（图 1）。

（三）以更文艺、更有格调的方式让用户展现自己

用户在发布即时照片时，LOFTER 会提供贴纸、标签和滤镜三种图片处理功能，以此满足用户的个性化需求。

此外，用户还可以在 LOFTER 上进行自定义界面设置与专属 UApp 的定制，创建自己的个人应用。UApp 的功能是通过应用创建将用户的个人主页变成一个独立的 App，创建个人应用后，个人主页便会多出一个 UApp 的下载链接供他人下载。用户可以直接通过所下载的 UApp 来同步获取其发布在 LOFTER 上的所有文章、内容，感受更加流畅的杂志化阅读。UApp 的界面很简洁，侧栏为文章，归档，分享与关于。方便用户查看文章更新和分享到其他社交网站，让每个人都拥有属于自己的独特创作氛围与传播体验，这很符合年轻人特立独行的个性需求。但这一延伸功能目前还具有很大局限性，因为即使是一位已经具有一定粉丝规模的热门用户，也不太可能使其他用户为了关注一个人而专门下载独属其一人的应用，并且这一功能与 LOFTER 本身的个人主页在阅读体验上并没有很大差别，有待进一步优化。

以上三项功能均是为了满足用户“社交”的属性所设定的，而 LOFTER 的功能并不止于此。它的另一部分功能，则是乐乎印品、福利市集的商业模式，以及达人认证、创作者签约以及内容打赏的自媒体合作模式，这一部分功能将在下文结合应用的运营模式来深入分析。

六、运营模式

以下将从商业运营、自媒体模式以及粉丝用户的线下活动运营对 LOFTER 进行运营分析。

（一）商业运营分析

从商业运营模式来看，网易 LOFTER 的盈利模式目前可以分为与品牌商合作、通过福利市集销售周边商品以及 IP 引流三种。

LOFTER 与品牌合作商的合作一般是应用作为销售渠道对品牌进行拓展销售，LOFTER 的合作品牌都倾向于年轻、简约、大众化的风格，目前 LOFTER 年轻而文艺的用户特征正好被此类品牌客户所认可，因此更有利于扩展品牌销路，创造收益。与 LOFTER 合作最为密切的品牌包括歪瓜、漫踪、鹿角巷等。

LOFTER 的乐乎集市立足于其建立的社区频道，一切从品质、美学出发。从品质延伸到人，再延伸到精神层面，通过印品个性定制以及福利/周边单品销售来赚取不同金额的费用。乐乎集市目前拥有乐乎印品、周边、文具、耳机、达人同款等经营区域，其中乐乎印品是乐乎集市最具特色的销售模式，用户可以根据自身需求进行手机壳、T 恤、LOMO 卡等的个性化定制，还可以将自己的相册图片与 LOFTER 上已发布的作品定制成为精装照片书，这种品质定制销售在一定程度上能迎合用户的心理，达到不错的互动与盈利效益。

随着目前同人圈层、二次元文化的兴盛以及国内监管政策的变化，大量同人创造者发现并涌入了 LOFTER，LOFTER 在很短的时间内成为国内同人创作的根据地，在 LOFTER 上发表作品已经成为很多写手的习惯。因此，在产品形态上 LOFTER 与其他的图片社交应用以及轻博客相比，在一定程度上更像是一个 IP 兴趣圈层人群聚集的 UGC 创作社区。LOFTER 也成功做到了以这些活跃用户的社交领域为基础，引领了兴趣圈层，同时反哺 IP 产业，围绕 IP 的衍生内容进行生态维护与价值挖掘，鼓励用户进行正向积极的创作，从而沉淀优质内容，同时对 IP 起到放大的作用，维持 IP 引流。在 LOFTER 2018 年度最热 IP 中，有 3 个都是网易的游戏产品（《楚留香一梦江湖》《第五人格》《阴阳师》），这就意味着将网易体系内部 IP 资源引流，提升用户参与度和衍生价值，是 LOFTER 商业变现的途径之一。LOFTER 目前把自身打造成为国内 IP 衍生创作的大本营，与国创 IP 及游戏形成衍生创作、内容传播等多维度的深度合作关系，并将兴趣圈层用户的购买力转化，进而实现 UGC 生态价值以及流量的高效转化。

（二）自媒体运营

从自媒体模式来看，LOFTER 似乎和其他小说网站、直播网站一样，都拥有为作家、主播打赏的功能，并获得一系列权益。而想要成为某领域的达人也需要一定的申请条件（站内累计发布 50 篇原创文章 / 注册至少 180 天 / 站内粉丝累计 1000 名 / 累计被喜欢数 4000），这在一定程度上也鼓励、推动用户对于自己的内容进行经营策划，同时也提升了用户黏性与活跃度。目前，LOFTER 已积累了超过 800 万条细分兴趣标签和 2 万多名创作者，扶持创作者也成为 LOFTER 维护社区生态的基石。

（三）活动运营

从线上活动运营来看，LOFTER 主要是在用户间不定期举办不同季节 / 节日相关的写作 / 摄影方面的评选活动，通过参加活动，用户可以获得首页信息流曝光（开屏展示等形式）、官方账号推荐、联动实物奖品等奖励，以此来充分调动用户的活跃度。

从线下活动运营方面来看，LOFTER 的主要运营方向为高校摄影讲座活动与漫展联动，一方面拉动了 LOFTER 建立最初的目标用户摄影爱好者的活跃度，另一方面也在提升二次元领域用户交互黏性的同时带动了销售流水。

另外值得一提的是，LOFTER 曾在建立六周年之际，策划举办了一场“LOFTER不正经青年生活节”，并称之为“看似不正经实则有内涵”的青年流行文化趣事活动，以此来让年轻用户们认识自己、并在彼此之间找到同好，在一定程度上丰富了自身的品牌形象。这次线下活动通过品牌联动、与代表嘉宾互动对话等形式，打造了年轻用户群体所独有的“不正经生活方式”。LOFTER提出的这一“不正经青年”概念，在当时与其在年轻用户群体中的品牌形象高度契合，也因此收获了多数年轻群体的强烈共鸣，并在当年为LOFTER吸引了一大批优质的活跃用户入驻。

七、结语

目前，LOFTER已经算是轻博客应用中的佼佼者，通过沉淀优质视觉创作者以及原创写手，形成了一个以图博为主，以文字传播为辅的盛产优质原创内容的社区。但在图片应用市场中相较于in还有较大差距，同时也难以在社交网络市场与创作社区中和领域巨头进行比较，需要LOFTER通过对产品自身的完善改进来进行调整，从而掌控产品发展趋势。就现状而言，LOFTER目前还尚存一些待完善的地方，譬如增强社交属性，平衡内容和社交的比重，简化图片分享流程，筛选沉淀优质内容等。同时，笔者认为LOFTER应当在持续推出以原创作品为主题的线上征集活动的同时，继续打造类似“不正经青年”活动的线下兴趣圈活动，通过线上线下高度融合的方式，吸引流量并激发用户参与的兴趣，打通产品间壁垒（包括网易游戏、网易云音乐等），让产品与产品之间相互服务，在保证优质内容的基础上不断丰富LOFTER的品牌形象与内容功能，LOFTER的未来一定会更加明朗宽广。

知乎
——有问题，就会有回答*

开发机构： 智者四海（北京）技术有限公司

产品定性： 知识社区类应用

同类应用： 百度知道、凯迪网、三节课、果壳、36 氪、开源中国、百度贴吧、必加思索、经管之家、币乎等

互联网科技发展至今，App 已经不仅仅只是移动设备上的一个客户端那么简单。知乎作为一个知识问答型的网络社区，随着 App 的市场崛起，知乎客户端延续知乎网“与世界分享你的知识、经验和见解”的口号，生产高质量的内容，吸引“专业精英”，定位清晰明确、产品设计简单而不失简约，以更加快捷的形式为用户提供有价值的服务和有意义的交流，在竞争趋于白热化的 App 市场保持了稳定持续向上的发展。

一、知乎的属性及由来

全世界都在谈论的知乎是什么。简而言之，知乎是一个真实的知识

* 本文由北京印刷学院新闻传播学 2014 级硕士研究生陆地、徐冲冲和 2017 级硕士研究生任梦婕提供初稿。

型网络问答社区。"知乎"一词本意"你知道吗"，不仅生动地体现了其问答属性，而且取词于文言文，更加古典优雅，大方得体。"与世界分享你的知识、经验和见解"的口号，清晰地传达了知乎的定位和产品的设计情怀。

我们现在说的知乎 App 是知乎网在智能手机上的第三方应用程序。同其他 App 的客户端一样，知乎客户端版本也不断进行着更新。手机客户端的知乎允许用户直接注册知乎账号，并在手机上以更酷炫、更迅速、更便捷的方式，随时随地享受交流和发现知识的乐趣。通过知乎客户端，用户能够查看每日热门问答，获取最酷最新的知识，参与问答讨论、发表评论、发送私信；客户端具有强大的搜索功能，可以搜索问题、话题和用户；客户端还有着流畅的首页阅读体验，可以追溯所有热门回答和热门用户；最大限度地展示用户和好友的个人主页；用户端秉承分享精神，允许并鼓励用户将问题和回答直接分享至腾讯微博或新浪微博。

知乎网不同于百度知道或者新浪爱问这类即问即答网站，而是建立起了社会网络，期望以关系社区形式来帮助用户找到更好的问题和答案。在产品设计上，用户在社区内不仅可以提出问题或解答，还可以有其他三个选择：其他用户、问题和话题。从关注人和关注事两个不同的维度来更好地发现内容。在问题答案中，用户可以利用类似 Digg[1] 的支持机制，给好的答案投票，将好的答案顶到网页靠上靠前的位置。

在关于知乎网的社交属性问题上，意见不一，百家争鸣。有人认为其社交性主要体现在与问答、知识的交互上，对于社交功能本身是弱化的，也有受访者则认为社交性是问答与人际网络的关键链接，是知乎根本属性所在，但几乎绝大部分用户均认同该类网站是问答和社交两种属性的结合。知识界的这些理论探讨，丝毫不妨碍当下以知乎为代表的问答型社交

❶ 中文翻译为"掘客"，或者"顶格"。在一个掘客类网站上申请一个用户就可成为掘客，类似在博客网站上申请一个用户成为博客。

网站日益受到用户的欢迎，并成为网民获取信息、线上活动的主要阵地之一。知乎也因此被称为“最好的中文问答网站”。

问答型网站是有源头可以追溯的。早期将社交网络属性引入问答网站的是2009年创建于国外的Quora，开创了基于人际关系进行知识传播的模式。2011年1月26日，国内仿照基于社交网络的问答网站知乎上线，上线前两年，知乎采用的严格的邀请制来规范注册。2013年3月，知乎向公众开放注册，不到一年时间，注册用户迅速从40万人攀升至400万人。

由于创办宗旨、注册门槛等方面的独特性，知乎在创办之初就确定了较为高端化、专业化的知识传播风格。“知乎”的创立，改变了中国以往知识问答网站的现状，以知识问答为基础，融合了社交网络的性质，吸引了大批优质用户，形成了独特的圈子和社区网络，在国内开创了以知识共享和交流为媒介形成社交网络的模式，是中国互联网社区发展的新形式和亮点。

国内学者将知乎称作基于社交网络的社会化问答平台，或直接将此类网站界定为问答型社交网站。这种网站形式是在问答的基础上结合SNS[1]属性建立了社交网络，它是网上知识社区和社交网站的结合。将传统的线上知识社区引入社交网站的人际网络属性，形成新的网络社区形式，知乎就是典型代表。

随着新媒体技术的不断发展，受众的信息获取方式随着阅读习惯的改变在很大程度上较以往不同，越来越倾向于消耗较少的时间和精力来获取更多的信息，因而互联网日益成为受众的主要信息和知识来源之一。作为网上信息和知识共享的主要渠道之一，社会化问答平台在成立之初曾经历了井喷式的增长，国内最具影响力的知识问答平台“百度知道”自2005年11月上线，截至2012年9月15日时已累计解决2亿个问题。但

❶ 由两个核心组成，一个是用户UGC的内容，一个是用户之间的社交关系。

是，百度知道、新浪爱问等网上问答社区，止步于问答，未形成有黏度的社交网络。

知乎满足了用户对知识、信息和精神消费的需求，在自我满足与实现上也有很好的作用，人际是辅助的，并不是核心。知乎的社交属性最大作用在于它架起了问题与人之间的桥梁。知乎的邀请制回答，使用户特别希望看到这个人回答这个问题。知乎网上的人际互动活动也是围绕问题或话题展开，以同样的兴趣和知识领域可以结识新朋友，但并不一定带到现实生活中来。

社交网络的兴起，开辟了人类活动的“第二现实空间”。问答型社交网站在不断吸纳新用户的同时，保持了信息和内容的高水准，在以共同知识和兴趣构建的人际网络上，不断促进知识信息等社会资源形成正向循环，在传播互动中产生价值，带来社会资本。

当下问答型社交网站在线上传播信息与共享知识的过程中占据越来越重要的位置，具备线上社交属性，通过“知识”这一特殊属性实现集群，更加特殊地影响到受众的信息知识获取、人际互动和现实生活，形成新型的网络社会关系。因而，这种新的问答型社交网站形态，对现实世界的影响和作用机制呈现的状态对互联网发展与社会影响巨大。

二、知乎的特征

知乎的宣传口号是“发现更大的世界”。知乎的定位不同于传统的问答网站，它建立起社会网络，期望以关系社区形式来帮助用户找到更好的问题和答案。用户可以面向社群提出问题，也可以向特定的用户提问。每个用户在首页都可以看到自己所关注用户的动态（回答、关注、赞同的问题答案等），也可以看到所有关注话题的更新。邀请功能允许用户邀请最多六名用户来回答某个问题。“话题”功能让用户系统地发现所感兴趣的话题和回答，“发现”功能让用户看到每日、每周的热门问答和收藏夹。为了让用户及时获取自己感兴趣的内容，知乎员工还会收集一些用户感兴趣的高质量问答，通过“每周精选”和“知乎日报”等形式推送给用户。

知乎结合了社会化问答社区和社交网络特点，有独特的传播特点。

（一）碎片化时代的高质量分享

在所有人都注目着“草根需求”的时候，另一群人被忽略了。他们富有好奇心，追求认真、专业的表达和交流，他们先是聚集在论坛，然后是博客，2009 年以后纷纷来到扫荡互联网的微博。然而，微博本身的碎片化特质决定了它无法满足人对完整、高质量、深度信息的需求。

传播的内容是高质量的信息和知识，这同时也是重要的社会资源。通过观察可以知道，知乎用户在年龄、职业等方面分布十分广泛，且具有高学历、高层次的特点。现实生活中，受地理位置、社会结构和身份等因素的限制形成了同质性的人际关系和互动、产生了大量的信息冗余。而在知乎这一平台上，由于聚合了各种不同类型的使用者，这些使用者在线下拥有各自不同的背景和社会资源，且知乎打破了传统线下固有的结构关系，人们将来自线下不同圈子的相对新鲜的信息知识和资源引入平台，并且相互交往互动，形成了弱关系网络。因而，知乎上异质性资源的核心来源是大量优质用户及其引入的人际、信任、知识、经验等。且根据传播学中的强关系弱关系理论，社交中的弱关系连接更可能带来异质性资源，它的作用可能比强关系更有力。

于是，知乎满足了人们的分享欲望。当然，分享的前提是高质量的问题，最好是激起你回答的欲望。再次，这个分享是有回馈的，它能让你建立威望。你的回答越多，显示你的知识越渊博，你的威望就越高。这恰恰也说明了马斯洛的需求金字塔中最高层次的需求——自我实现的需求。知乎问答社区满足了人们最高层次的两个需求：尊重和自我实现的需求。

（二）在知乎传播的过程中网民既是传者也是受众

作为传播内容的信息由网民自己创造并发布和共享，用户可以选择浏览、参与、收藏自己关注的任何话题和问题。媒体本身则提供了一个交流共享的平台和知识储备库，其中的知识对所有成员开放，同时，知乎旗下的系列产品，如：知乎日报以媒体形式发布优质内容，向任何可以接入互联网的用户传播。知乎客户端则像知乎网一样，秉承分享高质量信息的理念，严格把关信息质量。

准确地讲，知乎更像一个论坛：用户围绕着某一个感兴趣的话题进行相关的讨论，同时还可以关注和你兴趣一致的人。对于概念性的解释，网络百科几乎涵盖了所有的疑问；但是对于发散思维的整合，是知乎的一大特色。知乎鼓励在问答过程中进行讨论，以拓展问题的发散性。鼓励答案的非针对性及答案的可参考性。同时，知乎以严格的筛选制度，过滤掉垃圾信息，尽力保证信息的高质量水准。

但是所有的社交类网站，走到最后都会走上发展用户量的道路上去。如何在用户数量大增、积累稳定忠诚用户的同时，保证信息的高品质、保证老用户的权益，是知乎接下来要解决的重要问题，也会是知乎进一步发展的关键一步。

因此，跟博客和微博不同，知乎是一种新的信息生产方式。

（三）人和信息以及人与人之间的密切互动

社交网络的核心要素在于人在其中彼此相连，并因为这种连接产生价值。知乎网是一个人与人之间因为问答而建立起来的连接网络。知乎以高质量的信息，吸引了一批专业人士进行高质量内容的再生产，从而形成正向循环。人在知乎上通过信息形成连接，并因此产生价值。

知乎通过社会化的方式将问答重新组织起来，对话题、用户、领域的三维关注使其成为一个优秀的知识交流和讨论社区。通过发展吸引各行各业的众多专业人士和广大普通用户的积极参与，积累了大量的高质量内容。知乎的价值，随着内容的不断沉淀越来越得以凸显，而知乎最具有价值的资产是信息和人。

和许多产品迅猛发展的速度不同，知乎的进程很慢。2011 年 1 月 26 日正式上线，初期实行严格的邀请制和审核制，用户增长速度不快，也没有新产品推出。后来开放注册，半年时间日活跃用户达 70 万人，月活跃用户达 1100 万人，增长 10 多倍。知乎相继发布的新闻资讯应用——知乎日报，内容是社区中的十来条问答，大多结合时事热点，让人们喜闻乐见。知乎并未如当初有些人的预料退步，反而以一种逆潮流的方式在持续进步。

随着社会发展，越来越精细的专业化分工将是一个趋势。知乎聚集的这一群专业人士将会越来越有价值。一个优秀社区的魅力就在于，它会自己生长。知乎坚持高质量的信息，吸引了一群专业人士用户，这些用户再生产内容，形成一个正向循环。这些用户在知乎上通过信息产生连接，连接就能够产生价值。

三、知乎的核心功能是知识分享

关于知乎的功能，大致分为三种：信息获取、人际互动和知识分享。信息获取在知乎中无可置疑地成为用户的使用方式之一，而结合了社交网站的人际交往属性，人际互动在知乎中以探讨知识、交流经验的形式无处不在，大部分用户在空闲时间和轻松的状态下获取信息，不少用户乐于积极贡献和输出知识经验，因而使得知识分享成为其核心功能。

（一）信息与知识的获取

知乎平台中的信息资源，除了规模和数量的测量指标，还有深度和广度的问题。首先，知乎中信息资源大多数来自用户，因为这些用户在年龄、职业、行业上天然分布很广，这就带来了信息资源的广度。同时，平台上的问题和答案多种多样，涉及各个领域和主题，形式和内涵丰富多彩，此外，还开设有知乎圆桌、专栏等多种活动形式，鼓励用户以个人或自发集群的方式参与到社区活动中来。这些都决定了信息资源的广泛性和丰富性。

知乎鼓励用户发布具有专业水准的长答案，并且激发用户之间的争论和探讨，促进了以知识为核心的人际交流和互动，无论从答案质量还是互动深度来看，都达到了一定层次，同时还促进了用户在其他网络载体、现实生活中的交往和集体行为（各地知友会等自发组织）。这样就从信息、社会网络、社会信任等多个维度积累了平台中信息资源的深度。

知乎网用户使用行为也会对个体行动产生重要影响。大部分用户最初基于解决自己在实际生活中遇到的问题和疑惑，而注册知乎网，这些问题往往是因为在其他网站上得不到认真专业的回答和解决方案，或者说是用户期望基于此问题与该领域中的朋友进行探讨、结识而选择知乎。

很多用户通过在此平台上的浏览和互动，吸收他人的见解和经验，直接影响了其现实生活中的行为活动。例如，根据知乎网友推荐，购买电器、书籍、电子科技产品，吸收他人经验调整作息、制订健身方案，或是遇到重大挫折在知友的经历分享和鼓励下重新振作。这些行为都是用户将知乎网的资源共享转化为实际的行动和收益，通过线上行动扩展到线下，从人脉、信任、自我实现等多方面来实现资源的使用和转化，甚至在指导了自身行动之后再次回到线上社区来进行交流共享，实现社会资本的循环增值。从态度、行为、反馈三个层面进行考察，也说明了知乎对用户影响的三个层次。

综合分析可知，知乎网上存在的大量异质资源，且这些社会信息资源具备可接触性和可获取性，这为使用者获取资源提供了结构基础；在行动层面上，用户可以通过使用行为获取和使用这些资源，贯彻到自身的态度、行为和反馈等环节，并产生不同深度的影响，因而这些资源具备了可使用的特点。

知乎对用户的影响还体现在观念、态度和行为层面上。用户可能会更热爱学习和进步、眼界更加开阔，行为上养成了更好的表达和生活习惯，做事更高效，消费观和消费行为也有了一些参考和改变。总结来说，知乎是在使用户做一个更好的人，发掘个人更多的可能性。

（二）人际互动功能

知乎以优质的信息和知识将受众集合成群，因为增加了关注、被关注、收藏、分享等功能，用户除了通过搜索感兴趣的问题之外，还可以关注其他用户的动态，这样就以知识和兴趣为核心建立起了社交网络。允许任何人对问题进行编辑，对提问方式有严格要求，避免大量重复无意义的问题，从源头提升问答质量。同时，每一个注册用户都要一个 PR（personal rank），PR 值大小受每一个操作的影响。答案顺序按赞同票数排序，赞同票数相同时按个人 PR 值排序，同时，隐藏被认为无效的答案，这在一定程度上过滤了垃圾信息。因而，网站突破了其他问答网站用户数量和问答质量成反比的瓶颈，在用户数量稳定增长的同时，仍保证问答质量的高水平。

此外，知乎推广实名注册制，鼓励账号与用户微博、微信和 QQ 绑定，将社交网络建立在真实用户和人际交往的基础上，把社交网络融入线上问答社区，以关系社区形式来帮助用户找到更好的问题和答案。且知乎的 SNS 建立在信用基础之上，并非单纯以人气而是以价值比（价值信息 / 总信息量），也就是以精英信息产生量为基础，且以兴趣构建社会关系的方式排除了其他社交网站在原有用户基础上进军这一领域的可能。

如前文所述，知乎用户在年龄、职业等方面分布十分广泛，且具有高学历、高层次的特点；而知乎这一在线平台上，也聚合了各种不同类型的使用者。在提供的社会信息资源方面，社交网站多用于熟人的交际和现实社交圈的搭建扩展，普通线上问答社区的内容比较散乱，多是一些即时的生活助理类的答案和帮助。知乎提供的资源独特性体现在对专业知识的讲解、对行业的深度挖掘，即提供具有广度、深度和原创性的知识信息；打破隐形的阶层壁垒，提供了用户与行业大牛、高层人士就共同兴趣和话题直接交流探讨的机会；从人的需求出发，结合问答和人际，提供的内容和服务更加人性化，更加灵活；同时有很好的社区氛围，“用心耕耘就能收获认同和关注，以及其他更多的资源”；用户对知乎社区的信任和认同感，除了人脉、信息、知识等资源，还使得用户可以获得更高层次的自我实现和满足。

综合来看，结合线上知识社区和社交网站，知乎将用户关注的主题、问题、成员的动态推送至用户界面，可以使用搜索功能进行信息搜集，浏览感兴趣的人；私信功能则保证了用户一对一不受干扰的人际交流等。完善但简洁的功能满足了用户的需求，为其提供了直接接触和获取在线社会资本的种种途径。

（三）知识分享功能

知乎带给用户的资源和好处主要是三个方面：知识的拓展和储备、人脉的扩展和延伸、自我实现和提升。首先在知识和信息上，不仅让用户了解到很多以前不知道不熟悉的东西，对自己感兴趣的东西也有了更深层次的认识，并且在对专业知识、各个行业的深度挖掘上，通过直接向某一领域的大牛提问来获得答案，这些都是其他网站无法比拟的。其次，在人脉方面，遇见各行各业、各种各样的人，结识了许多有同样兴趣、话题或行业的人群，可以说和行业偶像、前辈之间进行了平等的交流和互动。同城的知友会越来越多，更多的知乎用户把线上关系发展到线下，成为现实中的好友。自我实现则主要体现为得到认同时的满足感、答案受到肯定的成就感，以及浏览和交流中的精神满足。

知乎结合了线上问答社区和社交网站的属性，但又与两种形式有诸多区别。首先在受众上，受访者普遍认为知乎网的用户有更高的受教育水平和整体素质，或者在回答时态度更为认真。内容上更加丰富和专业，质量更高，原创性更强，此外会有很多行业领域的问题和形而上的问题，这也是区别于其他任何问答社区的一点。

当下网络知识传播形态多种多样，大多已具备完整的传播和互动链条，社会化属性的应用越来越广泛和灵活，知识传播社区越来越倾向于单纯打造一个社会化属性的高科技平台，减少机器和人为的干扰，让用户自主产生价值和资源，并在以人际为基础的平台网络上实现资源的交换和流动，进而实现循环增值。例如翻译社区的“译言网”，也同样引入并加强了社区属性，鼓励用户自主翻译和分享外文互联网精华，这再次体现了发掘用户价值和以兴趣集群是Web2.0时代的特点和未来发展的趋势。

四、知乎的知识生态圈

知乎建立了一套完整的知识生态圈，将知识生产、知识管理和知识服务三个环节有机融合，形成一个紧密衔接、相互依存的循环，源源不断地生产着高质量的专业知识。

知乎的知识生态圈无论在知识环境的宏观方面还是微观方面都有重要的现实意义和实用价值。从宏观上来讲，知乎的生态圈将知识生产、知识管理和知识服务通过先进的理念与当下的信息技术完美结合，有效地减少了知识在这三个环节之间传递所花费的时间和成本，提高了效率，同时，由于知乎的知识生态体系是一个完整的循环，避免了受制于第三方商家的限制；从微观上来讲，知乎对知识生产及知识管理和知识服务进行了优化和升级：在知识生产方面，改变了以往以权威机构作为知识主要来源的状况，而采取问答的形式，集结了各领域专业人士针对问题分类按需解答，为人人成为知识生产者提供了可靠的平台，而这个解答的过程，也是知乎主要的知识生产方式。在知识管理方面，知乎在构建平台时，就依照问题的形式和类别构建了一个具备量化与质化的知识体系，并且设立用户自主评审机制，一个知识的价值由接收它的用户反馈（点赞）来体现。在知乎中生产的知识，透过记录、存取、整合、更新、分享、更新、创新等过程，不断地回馈到知乎的知识体系内。在知识服务方面，知乎采取了媒体融合的形式，其主要实行以互联网网站、手机客户端及移动设备客户端为主的新兴媒体传播通道，实现资源共享、集中处理，衍生出多种形式的信息产品，然后通过不同的平台及信息分类实现分众传播。

（一）知识生态圈的角色划分

作为具有特定功能的社区，“知乎”网内有属性明确的角色划分，用户基于这些角色和自身特长，相互协作，完成了对无序信息的采集、分类、筛选、析取，并对整合的知识进行更新、传播。从功能上分类，知乎的用户可以分为以下七种。

（1）提问者。作为问答社区中知识传播的源头，用户不再只是被动地接收社会化媒体所呈现的内容，而是以提问的方式，主动地进行搜寻、获取知识。用户可以首先利用网站的搜索引擎在已积累的问答知识库进行搜索，寻找自己满意的答案；搜索无果的情况下，即可以创建问题由社区用户进行回答。同时，可以根据内容为问题添加已有话题或是创建话题，方便归类。

（2）回答者。问题回答是知乎问答社区知识生产的主体。通过问答平台，回答者在自己擅长的领域，将自己所知道、所领悟的知识以书面文字或加以图表、视频等多媒体形式表述出来。“知乎”对知识有较高的专业性和原创性要求，一个好的回答者能够认真地为自己的知识理论或观点提供尽量准确、翔实的阐释说明，将自己的思维成果体现出来，增加其传播效果。这里牵扯到隐性知识的概念，隐性知识是迈克尔·波兰尼从哲学领域提出的概念。迈克尔·波兰尼认为人类的知识分为两种，以文字、图表和公式加以表述的为显性知识，以及未被直接表述的，如在实际行为和经验中获取的隐性知识。知乎为其用户提供了将隐性知识向大众传播的平台。

（3）投票者。一个问题下，有多个回答者的答案，投票者可以对答案投出“赞同”票和“反对”票，票数决定了答案的排列顺序。“知乎”没有设置排名第一的答案是“最佳答案”，排名靠后的答案并不代表不正确，只是观点不同，用户仍然可以从中获取更多相关的知识。通过投票形式评判，将优质的答案内容自然筛选出来，由用户协作产生的群体智慧是知识自组织的良好体现。

（4）评论者。无论是问题内容还是答案内容，用户均可以在其下方进行评论，与他人进行公开的延展性讨论，较投票而言是为更深入的交互。无论是和提问者，还是和回答者，通过互动可以获得更多的信息或知识；同时，还可以在评论中对回答内容给出自己的意见，帮助回答者丰富、改进自己的答案。

（5）编辑者。知乎引入“公共编辑”机制，每一个用户均可以对问题和话题进行合理编辑，以完善问题和问题分类。①话题编辑者。话题是“知乎”对问题的分类，各类话题之间的相关性以“父子”形式存在，除了根话题和元分类的话题，用户可以对其余话题进行创建、修改和删除等形式上的编辑。不同领域用户群体的不断扩充，以及时事性热点的持续出现，固定的分类势必不能满足用户对于时效性、精准化内容的需求。话题需要不断地被用户扩充和细化，才能完善问答社区中知识的分类构架。②问题编辑者。优质问题和高质量回答是相辅相成的，用户对问题的内容、补充说明、话题分类均可以进行多次编辑。“知乎”并不鼓励用户提出常识性问题，经过对题目的多次编辑，可以增加问题的准确性，同时也起到规范答案方向的作用。通过较为有讨论价值的问题，激发用户表达自己的经验和对知识的见解；而问题的话题分类，拓展问题的讨论范围和层次，为用户带来深层次的、跨学科的思考和理解。

（6）分享者。“知乎”问答社区是以个人的社会关系网络形式进行的知识传播，运用人际传播的方式，增加问题或答案的接触渠道，使得用户与知识之间的相互匹配过程更自然、更精准。用户可以邀请自己感兴趣的用户或者意见领袖对问题作答，或利用“问题分享”功能将问题通过微博和电子邮件进行站外分享，在移动终端上可以进行更多渠道的分享。这样一是有利于形成良好的知识讨论的氛围，从而获取更广泛的意见；二是通过分享达成对知识更广泛的传播。

（7）维护者。对“知乎”社区的维护，是由管理者和用户共同完成的。为了营造和保持优质的知识传播环境，用户可以对问题下的答案进行“举报”“没有帮助”等操作，当对某一答案的此类操作达到一定数量时，该回答者会被管理员处理或答案就会被折叠，意在为用户提供更加良好的阅读体验。在“知乎”，用户没有等级所带来的权限限制。基于自己的能力和兴趣爱好，用户可以在社区中任意扮演多种角色，通过这些角色发挥自己的作用，来进行知识的传播。

知乎的用户可以分为以下三种：第一类，权威用户，这类用户主要来源于早期邀请注册制阶段，典型代表如创新工场董事长兼 CEO 李开复、豆瓣网创始人杨勃、土豆创始人兼 CEO 王微、小米科技董事长雷军等；第二类，掌握某领域专业知识的专业用户，这类用户是拥有专业知识，并且乐于分享和生产高质量知识的平民用户，这类人积极回答自己擅长的问题，擅于用理性、严谨和负责的态度分享知识，一步步积累人气，逐步成为在某领域有影响力的专业用户；第三类，普通用户，这类用户往往多是信息的阅读者和反馈者，他们会经常阅读感兴趣的话题，点赞或者评价，但往往他们并不是知识生产和知识分享的主要成员。

（二）知识生态圈存在的问题

（1）与微博、微信，乃至同类型的百度知道等相比，知乎的用户量还是相对较少，影响力不足。虽然知乎的定位在于精而不是多，但是在信息时代，受众规模也是产品实力的一个重要指标，如何进一步扩大市场占有率，也是知乎发展需要面临的一个问题。

（2）缺少清晰的盈利模式。目前知乎沉淀了大量高质量的知识，拥有一批专业的深度用户，以及围绕在这些用户间庞大的社会关系，但目前知乎的盈利模式仍然不明朗，需要尽早确定明确的盈利模式，为进一步扩大发展提供基础。

（3）缺少稳定的分成机制。知乎采取的是邀请注册制，吸引用户的主要原因是用户的热情以及回答问题带来的满足感，然而随着开放注册，用户数量必然大幅度增加，但是面临着精英用户的流失以及对生产知识热情的降低。如何留住高素质的用户以及激发用户热情，是知乎需要面临的一大难题，良好的分成机制无疑是一步好棋，但是分成机制需要建立在明确的盈利模式之上，因此稳定的盈利模式和合理的分成机制，需要知乎谨慎研究。

（4）缺少激励机制。随着开放注册制度的推行，用户数量增长，知乎缺少明确的机制为精英用户带来应有的地位，比如百度知道采用的等级制度，贡献知识越多，经验值越多，等级就越高，这样精英用户的地位可以一目了然。目前知乎里为人所知的精英用户大多是靠口耳相传，人们往往是通过分享他回答的问题而有所了解，而精英用户得不到任何奖励等，长此以往，必然导致这部分人群热情丧失，离开知乎。

（5）平衡扩大用户规模和保证内容质量出现矛盾。在用户规模扩大的同时，出现了内容质量差的问题。答案缺少专业性，环境愈发浮躁，与知乎求专求精的精神渐行渐远。大量低质量信息不仅不会吸引用户，反而会让他们眼花缭乱，手足无措。因此，知乎需要在平衡用户规模和内容质量上下大功夫。

（6）尚有领域未得到充分发展，专业分工有待细化。话题标签覆盖率有限。有一些领域尚未有精英分子进行回答。一些专业性的问题，因为缺乏具有权威性的回答而石沉大海，又或者提问者不得不求助于其他一些相关专业领域的用户来进行回答，这在一定程度上影响了答案的准确性。此外，目前的标签还可以进行细化，应该不断将涉及领域进行细分，分工越细，答案越精准。

（三）知识生态圈问题的应对措施

针对知乎知识生态圈上述问题，本文提出如下应对措施。

（1）实名与游客共存的用户登录机制。知乎可以采取实名制与游客共存的用户机制，对于一个初次使用知乎的用户而言，可能并不希望花费过多的时间完成实名注册的手续，而是希望先看看内容，根据是否感兴趣再进行选择。目前很多实名制社交平台，如果不注册，用户是无法进入使用界面的，这样在无形中损失了不少的潜在用户。因此知乎可以采用游客准入机制，并授予游客尽可能多的权限，以好的内容将潜在用户转变为正式用户。与用户等级制度相结合，游客只有浏览和点赞的权限，但是对于评论和等级方面，则需要进行注册后方可使用，这将是一种比较折中的解决方案。

（2）建立以贡献为基准的用户等级制度。针对知乎目前面临的精英用户和老用户流失现象，可以参考百度知道等的形式，建立用户等级制度，并对不同等级的用户授予不同的特权。等级制在设立时要以对知乎的贡献作为基准，确切而言，以该用户回答问题的数量、质量、转发、获赞等，以及用户的活跃度，粉丝等情况，制定一套翔实有效的量化评分标准，其中贡献度应该占大部分比重，活跃度和粉丝占较小权重，避免像百度贴吧和QQ等级一样，靠挂机和签到就能达到很高的等级，却没有实际价值。对于精英用户和老用户的身份地位予以肯定，使其能够感受到自我实现层面的满足，对保留这类用户是大大有益的。

（3）建立可靠的盈利模式和合理的分配机制。可以参照IBM，尝试付费咨询或信息服务。IBM公司放弃自20世纪80年代以来最富标志性的资产，即个人电脑领域的业务，专心做服务和咨询，为企业或个人提供最优解决方案，成功完成了企业的第三次重大转型。从国内相关行业看，从早期主要以提供广告和平面设计的猪八戒网站，到国内第一家有偿付费社交问答网站略晓网，皆采用C2C的威客问答模式，提问者通过现金悬赏的方式吸引用户回答。知乎可以在网站中设置免费和收费服务，对于问答社区平台继续实行免费服务，而用户也可以为自己的提问进行悬赏。

（4）内清外包，提升信息质量。提升信息质量，避免无用信息泛滥，是知乎当下必须面对的问题，在知乎通过筛选和合理算法净化信息环境的同时，可以通过外包的形式，与第三方合作，提升知识管理水平。随着知乎的不断发展，知乎也开始有了第三方的合作，如知乎精选，此网站致力于搜集知乎上高质量的文章，帮用户进行信息过滤，便于读者更加便捷地获得优质内容，这就是知乎精选的意义。

（5）依托庞大用户资源，构建“主业获名，副业盈利”模式。有了用户基础，围绕他们的需求推出已被市场证实可变现的服务，衍生产品将具备更低的测试成本、更多的测试反馈、更低的推广成本、更快的增长速度、更高的竞争壁垒。比如可以尝试开辟商业调查领域的服务，利用专业用户庞大的社会资源体系，依照不同领域和行业对专业用户进行分类，以悬赏的形式组建专门的课题小组，针对相关的需求进行调查并提供方案，转化为现实盈利。

（6）多元化、多形式的广告盈利模式。广告，本质上是一种信任推广，是针对知乎平台及旗下产品以商业品牌宣传为目的的信息传播。目前知乎平台上硬广告并不是很多，广告形式也较为单一，广告位置也没有完全开发，广告客户类型更是十分单一。软性植入广告也可以尝试，比如在问题的回答中，内容会涉及一些品牌的信息传播，如问题“1000元以内有什么东西会让人觉得生活品质瞬间提升”“淘宝上有哪些很冷门但很好用的宝贝”“2016年‘双十一’有哪些值得购买的商品”等，这些内容的回答都涉及一些商业信息的传播，均可视为知乎的软性植入广告。

综上所述，知乎作为一个知识问答社区，从知识生产、知识管理到知识服务，拥有一套完整、高效、高质量的知识生态环境，为中文互联网用户构建了高质量的知识社区和高价值人际关系网络，将无数冷门知识的需求汇集成庞大的信息链，形成一个完善的“自组织”系统。今后应该加强跨领域合作，全方位提升品牌影响力；建立信息数据库，全面拥抱大数据时代；完善知乎用户体验，谋求长远、稳健、可持续发展。

微信读书

——让阅读不再孤独*

开发机构： 广州腾讯科技有限公司

上线时间： 2015 年

产品定性： 阅读类应用

同类应用： 红袖添书、书旗小说、QQ 阅读、咪咕阅读、爱奇艺小说、连尚读书等

腾讯集团下属的微信团队于 2015 年 8 月 27 日正式推出了微信读书 App。这是微信团队推出的第一款基于微信关系链的官方阅读应用，是一款基于微信关系，但不局限于微信好友关系的阅读平台。在提供极致阅读的同时，为用户推荐适合的书籍，并且好友之间可查看读书动态，并参与讨论。同时微信读书不断对产品进行优化并推出新版本，不断对传播方式进行改进，对界面设计进行优化，对图书书目进行扩充，以图更好满足用

* 本文由北京印刷学院新闻与传播专业 2019 级硕士研究生冯星星、2020 级硕士研究生刘松瑶提供初稿。

户需求，微信读书已经在无形中凭借其多样的个性化功能吸引更多潜在消费者。

一、相关背景

（一）政策及产业背景

政府对数字阅读给予了肯定与支持，陆续出台一系列政策进行指导，逐渐强化渠道和内容的监管力度，持续完善数字阅读行业政策，扶持产业向良性发展。特别是自 2014 年以来，“全民阅读”上升至国家级规划，连续多次被写入政府工作报告，可见国家在战略层面对阅读相关产业的重视态度和推动决心。

根据艾瑞咨询 2018 年《中国数字阅读行业案例研究》可知：中国国民数字阅读接触率已达到 73%，已然超过纸质图书阅读率；并且国民收入水平增长稳健，娱乐消费相应提升，精神需求日益旺盛。数字阅读产业作为互联网内容的典型代表，面临居民文娱消费升级风口，在政府倡导的振兴文化产业浪潮中拥有巨大潜力和发展机遇。

同时，由于技术水平不断得到发展，作为 4G 技术的增强版，5G 多制式共存的异构网络高速度、低时延、高可靠的网络特色，为万物联网提供了先决条件，这会在一定程度上加快信息传播速度。5G+AI 科技助力移动阅读体验，以 5G 开启“文字 + 视频”的富媒体阅读新模式，在听书场景，AI 语音朗读作为真人朗读的补充，阅读体验仍有待提升；并且基于大数据算法，程序可自行计算并推送相关度较高的信息内容，更好地满足受众需求。

（二）研究文献综述

在对微信读书的研究上，黄悦侧重于分析微信读书在传播中对于使用与满足原理的应用，探讨阅读社交化是基于何种阅读心理诉求而产生的[1]；侯松霞通过比较分析的方法从推广模式上对QQ阅读和微信读书进行探讨[2]；夏韬以动态视角对微信读书的发展进行了梳理，分析现状并预测未来发展[3]；王梦飞通过问卷调查法对大学生使用微信读书App的现状进行讨论，指出其不足并提出相关建议。[4]

在传播方式研究方面，部分学者对平台的传播方式进行了研究，如魏超、陈璐颖在《微博与微信》一书中对微信与微博两大平台做了全面对比，重点分析了二者传播方式上的特点及差异[5]；还有部分学者对传播内容与传播方式之间的关系及跨文化传播在传播方式的选择上进行了具体分析。

由于对微信读书的传播方式研究领域目前处于空白状态，因此本文试图通过探讨传播方式的实际应用，对传播学基本内容在当代传播环境中的发展进行具体分析，通过分析微信读书在其不断改进中的优势及不足，为其提供改善思路，同时为同类型阅读平台提供借鉴。

二、基本状况

“2019微信读书成绩单”显示，2019年，微信读书人均阅读时长为85.8分钟/天，比上一年上涨14%；人均听书时长为142.2分钟/天，比上一年上涨39%；人均阅读本数为22.6本/天，比上一年上涨24%；人均阅读天数为31.5天，比上一年上涨15%。此外，微信读书年阅读用户数

---

❶ 黄悦．移动互联时代：阅读的社交化研究 ——以“微信读书”APP为例[D]. 合肥：安徽大学，2018.

❷ 侯松霞．移动阅读平台比较与分析——以QQ阅读和微信读书APP为例[J]. 图书馆工作与研究，2018（9）：72-76.

❸ 夏韬．从“微信读书”看移动阅读类APP的发展与变革[J]. 出版广角，2017（10）：40-42.

❹ 王梦飞．基于在校大学生使用行为调查的移动阅读APP“微信读书”研究[D]. 开封：河南大学，2019.

❺ 魏超，陈璐颖．微博与微信[M]. 北京：企业管理出版社，2015.

达1.15亿人，年加入书架册数达4.75亿册，年笔记个数达5.77亿个，年点评个数达1097万个。

微信读书有着明确的自身定位，其在一线发达城市的用户比例较高，集中在北上广地区，微信读书将受众群体定位于学生群体和白领阶层，他们碎片时间多，因工作或者学习需要，有不断提升自己的需求和主动学习的意识，对书籍质量要求很高。

从微信读书的产品迭代过程看出，微信读书产品发展大致分为以下三个阶段：第一阶段，从2015年8月27日到2017年7月8日，经历了从版本1.00到2.00的迭代，微信读书确定了产品的主要架构——在阅读体验方面不断改进，支持有声听书。第二阶段，从2017年9月28日到2018年8月3日，经历了版本2.2.0到版本2.4.10的迭代，微信读书在与微信社交结合的方面不断探索——在丰富书城内容、优化有声体验的同时，大力推进了App与公众号的融合（包括公众号阅读、跳转、想法分享等），并梳理了笔记、书签、划线和想法等阅读器页面功能。第三阶段，从2018年9月4日开始，版本3.0.0上线了微信读书无限卡会员服务，可通过邀请、分享获得无限会员卡，另外还有不断优化想法流，推荐好友阅读书籍等，日后应重视产品在社交裂变及盈利点的探索与尝试。

三、功能结构

（一）核心模块

微信读书最初的功能结构主要分为四大模块：发现、书架、故事、我。

（1）发现。发现模块是这款App的首页，主要是书籍推荐，固定的页面有“朋友们在读”“读书排行榜”“话题活动”三个页面，顶端有搜索栏，“书城”在搜索栏右侧，“书城”中有小说、听书、漫画、公众号四个模块，在发现页及书城通过“摇一摇”可随机获取推荐书籍、无限卡、书币等惊喜。

（2）书架。个人书架模块呈九宫格显示，顶端有搜索栏方便查询书架中的书籍，右侧的编辑可以将书架中的书籍设置为私密阅读，搜索栏下端左边是电脑版，可以扫码登录电脑版同步阅读，右边的分类显示可以将书籍按更新、进度和购买来分类，方便用户查找书籍；另外还有开启离线、分组、移除书架的功能。

（3）故事。故事分为两个模块，一个是“故事”，另一个是“朋友”，“故事”里面是推荐的公众号文集，“朋友”类似于微信的朋友圈的功能，可以看见好友的读书想法、动态，可以直接评论、点赞和转发。

（4）我。主要是个人资料编辑，账户和无限卡信息，读书排行榜和关注，以及笔记和书单等个人信息汇总。左上角的信封可以查看通知和私信，右上角的设置按钮可以进行一些操作设置和退出登录。

（二）核心功能

微信读书的核心功能必然是阅读。在阅读功能上，用户在阅读的过程中根据自己的需要调节阅读进度、亮度、字体，可以查看目录、做笔记、听书，也可以对书籍进行如私密阅读、离线阅读等设置。

除了这些基本的阅读功能，在阅读的过程中，当读到某一段某一句话非常有感触时，可以画线写想法，然后分享想法到想法圈，如果不想被他人看到，可以设置仅自己可见，也可以看到别人画线写的想法，单击进去为该条想法点赞或者发表评论。

用户在阅读某本书籍的过程中可以查看朋友在读或今日在读，可以进入对方主页，查看对方所阅读的书籍，方便用户找到与自己有共同阅读爱好的朋友。

四、现有功能特征

（一）微信读书中的人际传播：以关系为纽带

微信读书中有一项功能为通过使用无限卡可以随意看任何书籍，不需要另行付费，对于每周长时间阅读的受众更加有吸引力。微信读书赠送无限卡分为几步流程：活动前期，登录 App 免费送三天或七天时间的阅读无限体验卡，通过补贴的方法使受众产生接触到产品的体验，培养用户黏性。到活动后期，体验期一旦结束再想继续体验这种无限阅读，需要购买或者邀请好友进行拼团等方式来延续原有的服务体验及便利，只有被分享者点击进入分享链接才能实现助力。

微信读书的书签分享功能同理，书签内容可根据自己读书而定义，可以是短而精的语句，也可是长篇大论的观点。微信读书极其注重用户的体验感，在书签的内容分享方面，不仅可以选择多种分享版式的风格、颜色样式，并且可以免费去掉带有广告宣传成分的二维码。

在这个过程中，用户向自己的好友发送邀请的传播行为实现了通过自身人际关系帮助微信读书进行宣传推广。对于被传播者来说，其与传播者是已经熟知的，有比较亲密的关系。在这种亲密关系中，人际传播中非制度化的特点便体现出来，因为本身较熟悉的关系，使传播情境发生变化，更容易得到接收信息者的认同，使原有的“弱关系链”向基于人际关系的“强关系链”转变。

（二）微信读书中的群体传播：以内容为根本

微信读书的使用者可以使用关注功能管理自己关注的用户，用户可以自由选择希望关注的微信朋友，也可以对已有的关注进行管理，保证收到的“好友在读”和“朋友的想法”等好友动态来自真正感兴趣的人，此功能更加突出了App对于受众在内容选择方面主动权的重视，通过关注功能筛选自己真正愿意接受的内容。关注的人可以分为两种，微信的好友和在阅读书籍过程中看见其他想法或书评，产生兴趣后关注的用户。微信读书通过传播内容使受众产生联系，形成围绕某本书或者某一段落讨论的群体，在不断讨论中实现群体内部的传播。而同时，群体中成员将高质量书评发布到平台，从而吸引更多感兴趣者的加入，这一行为实现了一个群体对外的传播。

（三）微信读书中的大众传播：以平台为导向

微信读书时常进行阅读日活动，邀请知名公众人物等群体，为App中某几本书进行宣传，并在活动当日免费开放读物以吸引更多受众。通过微信读书这一平台进行大众传播，通过舆论领袖的影响力和号召力获取更多关注度。同时，基于微信掌握的用户大数据以及用户在微信读书的行为数据，建立用户模型，通过用户喜好以及书单的质量，如被赞次数和转发次数等因子进而给用户推荐个性化书单；同时在舆论领袖创建书单的引导下，用户不仅可以选择消费书单，也可逐渐地根据自己喜好创建个性化的书单并进行分享，达到再次传播的作用。

在“发现”页面，微信读书会根据微信好友同步阅读人数及全网的阅读人数推荐书籍，微信读书中的用户通过书评被好友影响或与好友产生共鸣，进而选择自己要看的书，实现基于平台大数据技术的图书推荐，用户在读书的时候，可以看到读这本书的其他用户的个人资料，如阅读进度、阅读时长和笔记，以鼓励用户读书、写想法与交流想法，添加好友完善社交关系。用户在读书过程中可以看到其他用户对本页内某些内容的想法，激发自己的深度思考，增加自己写想法的动力，因此书评随之增多，同时质量越来越高，真正形成良性的UGC内容生态。提供点赞、评论和分享的功能，并最终在用户个人资料页显示，这会鼓励用户写高质量读书心得，从而感染到其他读者或与其他读者产生共鸣；另外，可在此根据想法内容添加好友，完善自己的关系链。每个微信读书的使用者通过App平台在无形中进行超越时间和空间的联系，这促进了人与人之间的交流沟通，加强了个体间联系。

五、特征

（一）页面极简化设计，带给用户新体验

微信读书的目标用户绝大部分是微信用户，包括大学生、职场精英和自由职业者。这类人群的行为都有一个共同特征就是会利用碎片化的时间来看书以满足自身的知识需求，提升自己的文化素养，他们会主动阅读，也因此希望能有一个简洁方便的阅读平台。微信读书的UI设计正是以满足他们的需求为目标，希望为他们打造一个理想的阅读平台。微信读书的标识是以蓝色为底，配以白色的微信图标，既清新简洁，又表现出与微信之间的关系链。打开软件，开屏就是白色底纹，上面写着“微信读书”几个字样，让人感觉祥和平静；整个操作界面都是以白色、蓝色为基调。功能模块主要分为四大模块：第一个页面是“发现”，以卡片的形式呈现出来，几个固定页面主要是为你推荐、朋友在读、读书排行榜。第二个页面是“书架”，在这里书籍以九宫格的方式呈现，就像是摆在家里属于自己的一面书柜，里面的书籍都是精心挑选收藏在书架里的。第三个页面是“故事”，类似于微信朋友圈的功能，可以查看朋友发布的读书笔记，也可以进行评论、点赞，增加彼此之间的互动性。第四个页面是“我”，可以对个人的基本信息进行编辑，查看好友的读书排行和个人笔记等。

（二）图书资源丰富，精准定位用户需求

2015年盛大文学和腾讯文学合并，成了现今的移动阅读巨头公司阅文集团。当时，阅文集团CEO吴文辉曾表示，阅文将会投入上亿元的资金专注于非网络文学，这预示着阅文新的市场计划，而微信读书的诞生则是这项计划实施的一个阶段性成果。由此，阅文集团既避免了自家两个平台的互相残杀，又实现了向网络文学和出版文学两个市场渗透的布局。所以，借助阅文集团的资金优势，微信读书App的内容资源非常丰富。

（三）用户策略

1. 吸引新用户

新用户在登录微信读书后可以获得书币和免费图书，微信读书用福利来博取新用户的好感。除此之外，微信读书会不定时送给用户免费读书无限卡，如果分享到朋友圈还可以增加天数。此外，用户邀请其他新用户也可领取阅读无限卡、组队抽奖至少可获取一天的无限卡，还可以通过分享免费领取书籍。因此，许多微信用户会在微信朋友圈、微信群看到微信读书的分享链接，这也成为微信读书的重要引流入口。

2. 留住老用户

（1）内容留存。内容，是留住用户的必要条件之一。作为阅读类App，微信读书留住用户依靠的是丰富的图书资源。微信读书的内容提供方是阅文集团。2015年，腾讯收购盛大文学组成阅文集团，约占网络文学市场60%以上的份额。因此，凭借着阅文集团丰富的文学资源，微信读书在移动阅读App市场中占据着很大的优势。

（2）社交留存。运用熟人社交的方法实现用户的留存。通过“好友在读”，用户可以看见好友在读什么书，读书排行榜的设置类似于微信运动的步数排行榜，让用户之间存在竞争性，利用竞争这一心理因素留住用户；

"想法"则是书友间的朋友圈，可以增强互动。此外，和陌生人社交，可增加交友的可能性。用户在阅读书籍的同时可以看到今天哪些人读过这本书，读到了哪里，发表了什么想法，方便用户找到志同道合的书友。

3. 培养用户付费习惯

微信读书的主要盈利模式是用户购买电子书和购买无限卡包月。在培养用户付费习惯上，微信读书主要采用转化路径，每本书籍只开放前几章，后面的部分则需要通过书币进行购买。而读书币的获得方式有两种，一种是现金充值，另一种是用户用阅读时长兑换读书币。一般而言，用户都会选择更划算的包月服务，根据书的种类不同定价也不尽相同，但总体而言，一本电子书相当于同款纸质书 6~8 折的价钱，而如果选择会员服务，每个月只需花 19.9 元无限阅读所有书籍，而且，无限卡包月也推出首月特惠等福利来吸引用户付费。

（四）移动阅读社交化，打造微观阅读社群

微信读书与社交元素密不可分：基于国内三大社交平台之一的微信而创建；微信账号是唯一的登录方式；用户的微信好友关系链为其某一核心功能的基础；以"让阅读不再孤单"等为口号等。将阅读和社交相结合是微信读书最大的特色，具体表现在以下三个方面。

（1）微信好友链社交。微信读书社交的功能大部分是基于用户的微信好友关系而展开。首先，用户可以点击好友头像进入好友的主页，查看他的书架，寻找一些优质书籍。此外，用户还可以在"想法"的页面查看好友阅读时写下的笔记、评论，以及其点赞或者转发的他人的评论。同样参照微信运营模式的还有读书排行榜这个功能，用户可以看到自己一周阅读的累计时长及在微信好友中的排名，这种与好友的比拼能够增强用户阅读的动力，并从中收获成就感。

（2）陌生人互动社交。在微信读书中，用户不仅可以与好友进行互动，还能在阅读中与陌生人建立联系，最常见的是在读书的过程中用户可以点击画线的句子，观看其他人的评论，选择性回复，形成与陌生人的垂直互动，有时候还能从他人的言论中为自己释疑解惑。另外还可以在公众号的专题文章中发起讨论，延伸阅读社交的空间。用户还可以以微信读书为基础，在其中寻找志趣相投的人，建立私人社交，在QQ或者微信中建立社群一起打卡看书、讨论。

（3）前后台形象塑造。符号互动学大家戈夫曼在“拟剧论”中提出，人们的行为可以分为前台和后台，前台的表现是为了呈现给观众、他人，而后台则属于一个私密的空间，两者之间有清晰的边界。然而，微信读书却实现了前后台自我形象的交叉融合。微信读书平台对于用户来讲本应该是一个“后台”，但却因为其社交性质，好友之间可相互查看书架，通过观察彼此的阅读品位，了解后台里更真实的他人。但是，微信读书的书架具有隐私设置，可以选择性展示，用户可以将不愿意让他人看到的书隐藏起来。一个可选择性展示的书架、可以公开表达的阅读想法，成了用户形象塑造的又一重要平台，在这里，它既是后台，又是前台，是一部分的“真我”，实现了前台和后台的交叉融合。

六、存在问题及建议

微信读书作为一款阅读类的产品，性能问题也在业务的不断累积中逐渐体现出来。

在隐私保护方面，由于“最近在读”这一功能会显示读者的在读书目以及时常，在一定程度上会泄露读者隐私，使得读者权利与窥探他人隐私欲望之间的边界被模糊，同时个别用户为营造出自身具有某种特质，而专门读某一类书籍，这在一定程度上成为一种表演似的自我呈现，使读书的意义排到了次位，本末倒置。因此，微信读书应更多关注读者隐私权，将

"最近在读"功能设置为可隐藏模式。

此外，在微信读书中，一些图书由于版权问题无法阅读，微信读书应对此加以关注以满足受众的需求。随着移动阅读行业的不断发展及内容的不断开发，市场开始处于一个增长放缓期，用户规模也趋于饱和，用户增长率逐渐变小。图书的作品质量不能得到保障，现有的移动阅读整体都是在消耗原有的作品储备，没有新的优秀作品进行及时补给，并且市场监管力度不强，抄袭之风蔓延，盗版纵行，对整个行业造成极大影响，微信读书应引以为戒。

微信读书运用多种传播方式实现个性化发展，传播方式以人际传播、群体传播、大众传播为主，在竞争激烈的移动阅读市场中吸引大量使用者，通过引导使用者自主输出内容，打造了一个高质量、高活跃的图书社区。微信读书作为阅读行业的新锐，带着自己独特的用户体验进入了大家的视野，虽在良好的运营与产品模式上取得了很大成功，但在细节上仍需很多改进，还有很长一段路要走。

绿洲
——清爽分享 *

开发机构：新浪网技术（中国）有限公司

使用情况：安卓市场 2 亿次安装，1.1 万人评分

苹果商店 3 万人评分

上线时间：2019 年

产品定性：内容社交类应用

同类应用：小红书、声波、有记、听筒等

近年来，移动社交产品层出不穷，各大互联网公司如阿里、字节跳动等纷纷推出新品抢占市场。2019 年里，百度推出主打校园匿名社交的“听筒”，网易上线主打“声音 + 陌生人”社交的“声波”，腾讯上线了一款名为“有记”的 App，新浪也为探索下一个十年增长点发布了“绿洲” App……2019 年年底多款有互联网巨头背景的社交新品就这样纷纷上线了。

绿洲作为新浪微博孵化出的一种新型媒介产品，注重于内容社交，主

* 本文由北京印刷学院新闻与传播专业 2020 级硕士研究生孟卓林提供初稿。

打“清爽分享”，引起了大众广泛关注和讨论。本文对绿洲的现状、定位、优劣势、未来发展进行梳理，提出些许看法和见解。

一、发展现状

（一）绿洲出现的背景

绿洲的出现一定程度上也是微博为了维持用户黏性而开辟的另一条通道。微博作为博客社交类 App 行业里的领头人物，其一直以来都深受大众的喜爱，用户活跃率在 2020 年 10 月 31 日时达到 36.89%，在通信社交类 App 里位居前三名。但是，随着互联网的迅速发展，近几年来微博平台陆续出现了各种各样的弊病。微博面临着内忧外患，近年来大量资金的涌入导致营销广告泛滥成灾，在疯狂盈利的同时，却失去了用户参与度。反之，用户的参与度降低，直接致使广告收入缩水，从而严重影响了微博本身，这是其“内忧”。“外患”在于抖音与快手等它们凭借着直播、短视频，在争夺用户时长的赛道上占尽了优势，使得微博所能争抢的时长越来越少。在此双重压力下，新浪微博低调地推出了绿洲，试图翻盘。凭借着微博这个强大的流量靠山及名气，绿洲仅用两天就冲上了下载榜首，急速飞涨的用户数，直接挤爆了服务器。

（二）绿洲发展中出现的插曲

2019 年 9 月 2 日，微博孵化的社交软件“绿洲”在全网上线。上线一天时间，绿洲邀请码遍布全网，绿洲成为应用商店社交排行榜第一名。9 月 4 日凌晨，绿洲页面显示内测名额已用完。然而就在当天下午，有网友爆料，绿洲 LOGO 疑似抄袭韩国著名平面设计工作室在 2015 年给某电影节设计的视觉形象。随后，绿洲官微发表致歉，并表示“为保护版权，现在绿洲已进行临时下架处理，同时启动内部设计流程核查工作”。两天之后，绿洲又悄然上线，但更新后的LOGO与原来的相比也没有什么本质的区别。除此之外，它的界面又因酷似小红书App和国外的社交软件Instagram而被人吐槽。作为微博探索开发出品的绿洲，有了微博这个强大的靠山，它本该有更好的发展前景，却因抄袭事件，在面世之际就栽了个大跟头。而且，互联网也是有记忆的，一旦被贴上“抄袭”的标签，无论这个东西是否真正抄袭，日后的发展总难免会受到影响。

（三）绿洲的用户现状

根据百度指数统计（数据截至2020年11月30日），绿洲用户中女性比例约为57%，男性比例约为43%，与其他图片视频类社交产品（小红书、Instagram）比例相似。可见，此类型产品的主体用户依然为女性。

在用户年龄分布上，绿洲用户表现出较为明显的特征，近乎一半的用户是“90后”，“00后”用户占比约12%，用户偏年轻化。此外，不难发现，使用绿洲的用户以上班族居多，此类人群有一定的经济能力，接触事物较多，空闲时间相对较少，时间碎片化严重。

在地域分布上，排名前三的区域分别是广东、北京和江苏，均为经济较发达的地区，这些地区的用户在接受新鲜事物方面的能力可能更强。

绿洲目前在各大应用商店的排名和下载量都有所下降，在通信社交类App排行里也呈现下降趋势，它的活跃率也低于行业基准值。综上，绿洲未来的道路任重而道远，还是有很大的发挥空间，同时，绿洲能否帮助微博在社交战场上逆风翻盘也需要经受时间的考验，这些产品谁能笑到最后，结局都是未知的。

二、属性

绿洲是微博出品的美好生活社交产品，是建立在现实社交荒漠外的心灵家园，绿洲主打“清爽社交圈”，它的口号为“在绿洲，发现美好世界”。

关于绿洲的定位归属，有人说这是一个无广告的“纯净版微博”；有人说这是一个中国版的 Instagram；还有人说这是对标小红书的产品……但微博给出的官方解释是：绿洲是一款图片视频社交分享平台，在功能上计划打造成与微博协同互补的图片及视频社交平台，通过视频与照片的形式分享生活或者兴趣。微博此举的目的也是想通过建立这样一个比媒体属性更强的社交平台，来强化生活化和垂直化内容，做内容的下沉。

所以，在笔者看来，绿洲属于一种媒介产品，一方面是微博的一个依附品，它与微博某些内容是共通的；另一方面软件本身就是一个独立、自在分享图片内容的清爽平台。

三、内涵

关于“绿洲”这个词，人们的第一反应想到的是沙漠上的绿洲，给人眼前一亮的感觉，茫茫沙漠里出现一片绿洲，一派生机勃勃的景象，令人感觉很清爽。微博推出“绿洲”，也必然有他的意义所在。

一款媒介产品的出现，我们看到的第一眼就是 App 的外观设计。绿洲最初的 LOGO 设计元素包含沙漠、太阳、仙人掌等，在经历了“抄袭”风波后，整体形象比原版多了一些三角形以及仙人掌的图形元素。LOGO 整体色调以白色、绿色为主，与绿洲相映衬。仙人掌元素来源于沙漠，仙人掌是沙漠里最常见的一种植物，绿洲是沙漠里的自然现象，仙人掌必然是代表性的一个。绿洲的 LOGO 设计寓意：现在的社交网络里，大家都仿佛沙漠里的一群仙人掌，太孤寂，又浑身是刺，我们需要一片清爽的绿洲。

当下，大家各种社交平台里的好友越加越多，愿意分享真实生活的人却越来越少。有时感觉，我们已经不喜欢分享生活了。但在绿洲里，你可以回归初心，逃离复杂的现实朋友圈，重拾分享生活的热情。找到同好，建立干净亲密的社交圈子。绿洲的内涵就显现出来，就是让你逃离社交的荒漠。笔者认为这也是绿洲出现的一个重要出发点。

社交行业大致可以分为三大领域：内容社交、场景社交和工具社交。内容社交领域又可以延伸出两大分支，一类是纯知识性的社交，比如知乎；另一类是以图文、视频、音频作为载体的内容社交，比如微博、抖音、小红书等。绿洲在性质定位上属于内容社交，在绿洲界面里的功能结构主要由五个板块构成，分别是“主页”“发现”“发布”“消息”“我的”。底部菜单栏发现页入口，是内容的集中展示区，设有“穿搭”“旅行”“美食”“明星”等兴趣栏，在相应兴趣栏对内容进行集中的推荐，兴趣圈子的氛围更浓厚。绿洲同时也有着种草社区的属性，这里有人分享时尚生活，有人分享诱人的美食探店攻略等，在某种程度上带有种草属性的标签。

整体来说，绿洲是以图片为主的兴趣同好种草社区，这里开辟的社区让社交变得不再是一片荒漠，每个人的分享一点一点地汇聚在社区里，开垦着一块一块的“土地”，使社交荒漠变社交绿洲。

四、优势与劣势

绿洲一上线就经历了巅峰与跌落，在一跃成为 App 应用商店的社交榜首后，因 LOGO“抄袭”引起争议而下线。作为微博孵化的新品，绿洲担任着开拓社交领域的重任，同时寄希望于成为微博一个新的收入增长点，做到与微博的良性互补。但一款媒介产品的出现，必然是优势与劣势并存的。

（一）绿洲的优势

1. 发展潜力大

作为微博的子产品，绿洲和微博有很强的关联性，账号会自动同步，因此，在微博这个大的流量池引流下，绿洲的潜在用户较多，在数量方面就已经占得先机。若营销得当，微博庞大的用户体量将会源源不断为绿洲注入新鲜血液。

2. 产品立意明确

绿洲一开始就打着“清爽绿洲，自在分享”的口号，页面干净清爽，没有广告是它的另一大优势。当下社交类App层出不穷，但存在营销号过多的通病，内容重复性较高，容易引起审美疲劳。绿洲在产品立意上已经给人留下了较好的印象，用户普遍倾向于使用简单清新的界面，这将会吸引更多的用户驻足。

（二）绿洲的劣势

1. 内容不够丰富

目前绿洲的内容并不是很丰富，而且绿洲的内容可以和微博进行同步，这意味着两者在相当程度上输出的内容是相同的。在微博可以看到同样的图文，大家也就没必要去使用新的软件，不需要重复下载同类软件，而且用户使用新软件时，是需要付出一定成本的。

2. 功能单一化

绿洲主打“清爽”，以图片社交为主，相对于微博就略显单薄。虽然微博本身存在的广告、垃圾营销等引发了一些诟病，但不可否认微博聚合了短视频、图片、文字、长文章、音乐等多种功能，更多样化。此外，短视频的兴起在人们生活中占据的地位越来越重要，短视频渠道成为网民获取信息和生活娱乐的重要途径。

3. 没有大的亮点

绿洲给人的第一感觉更像是翻版的Instagram，随着逐步的使用，会发现其实还有小红书和蚂蚁森林的影子，有着类似于小红书的内容调性和平台展示，像蚂蚁森林一样形式的养成小游戏，但又缺了蚂蚁森林给用户带来的种树成就感。整体来看，绿洲就是三者的结合体。虽然绿洲看似整合了各家所长，但这也导致绿洲没有亮点、没有灵魂，并不能带给用户不一样的体验。

4. 发展定位模糊

社交媒体平台的广告是支撑其发展的一大重头。绿洲舍弃了传统的广告植入，那势必要在软广其他方面的流量上下功夫。已经有部分网红、达人进驻绿洲来种草自己的产品，按这样的模式发展，未来是否会加入淘宝等购买链接，打通种草到购买的商业闭环，亦未可知。所以绿洲到底是走商业化路线，还是纯生活分享平台，目前的发展定位还较为模糊。

综合以上分析来看，绿洲的发展还需继续努力。

五、建议

微博可以拯救新浪，但是绿洲不一定可以拯救微博。绿洲在一定程度上找到了社交的法门，但产品和运营还在完善阶段。绿洲 App 的发展道路还是艰难的，未来有很多未知的挑战，可以简单地从以下几方面对其提出一些建议。

（一）坚持清爽风格与高质量内容

产品整体的清爽风格与高质量内容将会是绿洲有别于其他产品的突出特点，但如何保持及加强是难点。一方面，加强用户内容审核，对于营销号应予以适当的管控、警告或权限限制；另一方面，加强与艺人、大 V、各类博主的合作，鼓励其在绿洲发布更加生活化的内容，与微博形成差异化，不做微博内容的“搬运工”。创新内容的出现才是真正能抓住用户内心至关重要的一点，同时深耕垂直领域，打造出清爽与高质量的绝对优势。

（二）探索用户留存的模式

如何保持用户黏性是所有社交产品面临的头等难题，这关系到最终的发展，绿洲也不例外。利用微博作为前期的一个用户引流，绿洲应让用户间可以通过私信沟通建立社群。艺人的入驻也可以用作引流，但是要逐渐弱化艺人效应，放大用户效应，使普通用户得到更多参与感与关注度，留存用户，营造高质量分享的氛围，实现正循环造血功能。还可以在现有的功能基础上增加一些深得大众喜爱的功能，从多渠道里参考、收集用户的使用与期望的评价，了解用户喜好，开辟新功能让功能趋于多元化，同时也要慎用功能，避免其变得泛滥，功能不在于多，而在于精。

（三）美化界面，提高用户美学体验

当下年代，界面美观的重要性是绝对不容小觑的。软件要尽力提升审美水准，找到适合自己的风格，设计出尽可能美观悦目的界面和内容呈现形式，提升用户美学体验，给用户留下良好的产品印象和美的感受。绿洲的界面风格、排版可以更加人性化，逐渐改进，打造符合大众审美的阅读模式或浏览模式。每个人的浏览点击习惯也不太一样，可以考虑综合大众习惯去设计，将“清爽”理念运用其中，打造自己网络的界面。

（四）明确发展定位

绿洲最初的定位是以分享为主，但即便如此，现实中的绿洲也逐渐沦为广告平台，不少网红、大V和淘宝店主开始入驻，俨然有成为低配版小红书的趋势。绿洲未来到底是走小红书的纯商业发展模式，还是另辟蹊径坚持“纯图”分享模式，尚不清晰。绿洲要更加坚定地明晰发展定位，这是决定未来发展的关键。

六、结语

绿洲的诞生可以说是含着金钥匙，但如何用好优势而不被优势掣肘是需要好好思考的问题。搜狐董事长兼 CEO 张朝阳曾说过：“互联网经济就是注意力经济。”用户如今被短视频、VR 等吸引走的注意力，怎么能够轻易被单一的分享静态图片吸引回来？在短视频大行其道的时代，绿洲是在夹缝中求生存。所以，保持清爽与高质量，利用好微博这个大流量池，最终形成自身的风格特点，假以时日，积累沉淀出自己的忠实用户，这将会是绿洲最终能否成功的关键，我们也期待绿洲接下来的表现。

梨视频
——全球拍客共同创造 *

开发机构：北京微然网络科技有限公司

使用情况：安卓市场 1163 万次安装，72 人评分

苹果商店 8987 人评分

上线时间：2016 年

产品定性：视频资讯类应用

同类应用：西瓜视频、秒拍等

目前，我国发展较为成熟的短视频平台主要可分为以抖音、快手为代表的社交媒体类，以西瓜、秒拍为代表的资讯媒体类，以 B 站、A 站（AcFun）为代表的 BBS 类，以陌陌、朋友圈视频为代表的 SNS 类，以淘宝、京东为代表的电商类，以小影、VUE 为代表的工具类六大类别，大多定位在生活分享和社交互动的泛娱乐领域，因为这些依靠算法推荐技术作为分发渠道的 App，都无可避免地面临着以娱乐内容来迎合年轻用户心

---

* 本文由北京印刷学院新闻与传播专业 2019 级硕士研究生李和提供初稿。

理需求的问题。除上述头部企业外，新晋入门的 App 也都各自将泛娱乐内容作为自己的垂直领域：奶糖致力于构建属于年轻人的音乐短视频区，超能界注重录制真人特效短视频，美拍专注打造“女生最爱的潮流短视频社区”等，虽然在深耕垂直发展中呈现出“百花齐放”的发展样态，但仍以泛娱乐为主流内容。在这样的内容产业生态之下，由澎湃新闻专业团队打造的资讯短视频平台——梨视频，脱颖而出。

一、产品定位——资讯短视频平台

梨视频作为一款专注于热点资讯与社会故事的短视频 App，是中国领先的资讯短视频平台，由深具媒体背景的专业团队和遍布全球的拍客网络共同创造，专注为年轻一代提供适合移动终端观看和分享的短视频产品。

梨视频关注国际热点，更关注身边小事，24 小时为用户展示社会民生、人间百态。遍布于全球的 6 万余名拍客为梨视频生产和提供独家真实短视频，涵盖商业、社会、科技、娱乐、生活方式等领域，经过深度编辑的聚合内容和独家的原创报道，与创新技术和工具结合后，为移动互联网时代的视频生产和消费提供了新标准。

梨视频是跨平台的、开放的新媒体公司。通过灵活而广泛的合作与收益分享体系，越来越多的优质短视频内容经由梨视频的渠道获得更大影响力；同时，梨视频每日更新的短视频内容不仅在其自有的移动 App 应用和网站上呈现，更以多样化形式在中国及全球的社交网络和视频平台上有效分发，以抵达更多用户。

梨视频的创始人是原澎湃新闻 CEO（首席执行官）邱兵。澎湃新闻原主编李鑫、澎湃人物原主编卢雁等共同加盟团队。梨视频借助从传统媒体中走出的深具新闻素养、秉承新闻专业主义的团队，其基因中就自带了专业、严谨的属性。梨视频由华人文化产业基金投资，在北京、上海设有办公室和生产基地。

二、特点

（一）重资讯、重质量

目前，我国短视频平台主要呈现三方面特征：重娱乐、轻资讯；重流量、轻质量；普通用户生产内容（UGC）多、专业团队生产内容（PGC）少。诚然，这种“愚乐”大众的畸形业态并不限于短视频行业，微信公众号文章同样承受着片面追求“10 万 +”以上的流量之殇。为了获得更多的关注度和阅读量，平台不惜用低俗夸张甚至“标题党”来诱导读者点击，内容同样以迎合大众为目标，甚至丧失伦理道德。尼尔·波兹曼曾在其著作《娱乐至死》中直言：当公众话语日渐以娱乐的方式出现，并成为一种文化精神；政治、宗教、新闻、体育、教育和商业都心甘情愿地成为娱乐的附庸，甚至无声无息的时候，人类终将成为娱乐至死的物种。此时，梨视频 App 选择不去追赶娱乐短视频的浪潮，离经叛道地选择“重资讯”与“重质量”，重新定位多元化内容，强调内容制作者与发布者的正向价值判断，力求证明与实现好的内容会自带流量，而不是本末倒置。

此外，为了更好地与以抖音、快手为代表的娱乐短视频平台形成区隔并积极对用户生产的内容进行严格把关与有效监管，梨视频将 PGC 进行有机结合，采用“众包化”生产机制，探索形成了以“拍客网络 + 编辑团队”为内容生产核心的“PUGC”模式。

（二）区隔娱乐短视频

资讯短视频从字面可以解读为资讯与短视频两个概念的组合，即以短视频为载体，第一时间向受众提供有价值的信息服务的新型视频新闻产品。

具体而言，资讯可以在较短时间和较短篇幅内满足受众对某一方面认知需求的信息，其中包括新闻、科普研究、观点阐述、技巧展示等类内容；而短视频最大的特点就是短小且精简，时长一般在五分钟以内，精简的叙事可以让用户随时随地借助移动终端碎片化地对信息进行相对完整的接收，如快速了解新闻事件、生活技能。复旦大学新闻学院李良荣教授表示：“移动互联网的发展推动短视频成为人们获取信息的重要方式，短视频符合当前碎片化的阅读场景和人们高效获取信息的习惯，也更加符合新生代的媒介使用偏好。短视频将成为未来新闻发布的主要方式。”因此，梨视频作为资讯短视频平台，其产品定位与抖音、快手等有着明显的区别。

通过对 2018 年梨视频微博播放量超过千万次的前 50 名短视频进行梳理和归纳，可以发现视频内容或主题主要为六大类：第一类与“情”相关，包含亲情、爱情、友情等世间多种美好情感；第二类与弘扬人性善和传统美德相关；第三类颂扬努力学习、爱岗敬业的精神；第四类宣扬民族精神和社会主义核心价值观；第五类提供科学技术知识；第六类主要为生活中的幽默趣事。可见，除了娱乐性短视频纷杂肤浅的“吸睛”内容，人的情感、道德伦理、价值取向、科学技能等充满正能量的内容同样可以获得用户的情感共鸣，并且真正做到与生活相贴合。

梨视频的作品拥有着中国公众喜闻乐见的价值取向，这同时反映出中国社会真实的精神面貌。此类作品不仅可以满足用户的信息需求，更有助于对国人精神世界的教化。

三、内容生产与监管

（一）遍布全球的梨视频拍客

根据梨视频官方统计，梨视频核心拍客超过 6 万人，遍布全球 525 个国际主要城市和 2000 余个国内区县。这些拍客源源不断地为梨视频提供素材好资源，主要分为三大类型：个人拍客、入驻平台的第三方机构以及梨视频自有团队。

首先，群体最庞大的是活跃的个人拍客，他们主要保障了作品内容在地域上的宽度以及时间上的长度。拍客虽然大都不具备专业的拍摄设备与技巧，但是其独到的视角为梨视频的内容不断注入新能量。其次，入驻平台的第三方机构，借助梨视频进行实践的传播与散发，以更加官方的视角保障了视频的深度，也提升了自身的知名度及影响力。最后，梨视频自身拥有专业性的采访制作团队，与上述第三方机构共同保障优质内容的生产。此外，专业团队还负责策划专题内容并完成拍摄、制作、剪辑等内容制作全流程，使梨视频的内容与形式得以延伸。

（二）内容生产机制

前文提到，梨视频独创“PUGC”内容生产模式，即由“UGC+PGC”组成，具体指专业编辑团队与散布世界的拍客分工协作。

首先，遍布世界各地的拍客拍摄新闻、教学视频、萌宠趣事等，然后运用梨视频平台进行剪辑加工制作后将作品上传至梨视频 App 后台。此过程处于“UGC”阶段，此时拍客作品未被曝光与传播，而是等待梨视频官方团队的审核。在这个“人人都有麦克风”的时代，为更好地满足用户发布作品实现自我表达的需求，梨视频在视频制作的技术层面下了工夫，在创立之初就与美国专业视频自动化生产服务商 Wochit 建立合作，利用该服务商的视频生成技术实现内容的快速剪辑。因此，拍客在进行内容生产时有着优质的用户体验。

随后将进入“PGC”阶段，即官方且专业的资讯采编及后期审核团队将对用户上传的每一条视频作品进行筛选、后期剪辑，以及严格审核。这使梨视频不得不建立严格的内容审核制度——“三审核”把关流程。三个审核阶段分别设有不同职务等级责任人并承担不同的内容把关工作，第一层审核为“属地管理”圈层，梨视频团队在各地均有地区负责人，由他们对本地视频内容与素材真实性进行求证。第二层审核侧重判断视频的价值取向与传播张力，此时梨视频统筹主编与责任编辑对价值及细节部分进行把关，主要包括剪辑是否得当、是否侵犯当事人隐私、是否对事件产生影响等，与此同时还将比照同期主流媒体或权威部门对相关事件的报道。第三层审核主要从视频作品的宏观层面入手，由总监、总编等职位高且专业素养高的专业人士对事件等进行复盘与再次核查。

上述审核机制极大地保障了梨视频发布内容的质量，通过严格的制度维护产品定位。目前梨视频拍客网络每天生产内容为1000余条，但是严格的把关使得经梨视频审核发布的视频截至2019年12月21日17点仅有77975条，这确保了从App上线到现在从未出现过失实内容，这不仅是源于“UGC”过程生产门槛相对较高，更是得益于“PGC”阶段严格的审核把关制度。

（三）内容奖惩机制

梨视频设立了爆料榜奖励制度。上榜的拍客由拍客网络的区域主管进行申报，并以梨视频站内播放量为基础，综合一周全网播放量、社会影响力进行考量。最终对于榜单中获得冠军的拍客奖励1万元，亚军以下的上榜拍客奖励2000元。爆料榜奖励制度促使拍客生产更加优质且引人注目的内容，这不仅有助于提高自身收获高额酬劳的概率，更加利于提升梨视频的专业性及影响力，进而吸引更多的用户使用梨视频，从而使其在资讯生产领域占据一席之地。因此，奖励机制促进着用户与平台间的有机互动，形成优质、健康且黏性极强的共生系统，共同打造梨视频生态系统。

然而，所谓有奖就有罚，梨视频也有“拍客黑名单”管理制度。梨视频自主研发的名为“SPIDER”管理系统集成对拍客的各项管制，如拍客管理、标签管理、支付管理、编辑审核管理以及版权管理等。其中梨视频为拍客建立的“拍客档案”包括认证管理、属地管理、求证管理、数据管理等，并设置履行“一票否决”权的“拍客黑名单”，一旦在审核阶段确认上传有虚假视频等现象，将直接解除拍客协议并不再纳入拍客系统。

四、内容分发渠道

梨视频的作品采用多渠道分发策略，主要分为自有平台分发和其他平台分发两种渠道。

自有平台分发通过梨视频移动端 App、PC 端以及梨视频微博官方账号三个端口向外曝光，其中 App 与 PC 端网页上作品内容一致，但在移动端 App 中会根据用户个人画像运用算法推荐逻辑向用户进行不同内容主题的曝光及对拍客作品内容进行不同排序。由于终端特点及使用环境的不同，移动端板块布局相比 PC 端更为简洁，首页顶栏仅设置三个区隔。一是“万象”，内容主要围绕国家层面事件、政策以及政治性话题；二是“推荐”页，内容包罗万象且为全球范围的新鲜资讯，在二级分类中包括新知、社会、世界、体育、生活、科技、娱乐、财富、汽车、美食、音乐、旗帜、直播等 13 大主题；三是定位用户所在城市，向用户推送城市发生的热门事件，让用户产生亲切感与归属感。而 PC 端取消了本地板块，将其他上述移动端板块平铺，分类一目了然，井然有序的资讯视频入口排列给用户以强烈的视觉冲击感。

现阶段其他平台的内容分发相比于梨视频自有平台来说更为重要，如微博、微信等各种强弱关系社交媒体。梨视频上的作品被《人民日报》、新华社、人民网等主流媒体在新媒体平台多次引用，主流媒体在进行新闻资讯报道时经常会从梨视频上选取合适的作品，因此梨视频也与各大主流媒体签署版权共享协议。由主流媒体进行内容分发十分有助于快速提升梨视频的品牌知名度，同时传统主流媒体作为权威性、专业性的代名词，会将这两种特征和价值过渡至梨视频，在受众的认知中有较大提升，共同构建梨视频的专业化形象。

五、盈利模式

（一）广告投放——点位多样，原生广告更受青睐

梨视频与多数平台相同，将广告作为主要经济来源之一。广告投放点位十分丰富，主要包括开机屏、信息流、精选头条推荐、拍客活动、商业直播等。但是鉴于短视频时长较短，为了避免引起用户的反感，梨视频在硬广投放点位的安排慎之又慎，并未安排视频广告中的常用点位，例如贴片广告、暂停广告及浮层广告，而是除了开机屏点位之外多隐藏在推荐及信息流里，从而避免过多硬广对平台产生负面影响。

原生广告主要沿袭梨视频的“讲故事”特长，例如将产品信息植入历史或科技知识讲述中，在叙事过程中进行产品或品牌信息露出。比较典型的是蒙牛在梨视频中的广告素材：梨视频在历史栏目中制作了一则讲述“喝牛奶是西方人的专利？”历史类资讯，先讲述牛奶在中国的研发和使用历史，故事结尾以资讯介绍的方式插入蒙牛作为国产品牌将走向世界的信息，向受众做出广告宣传行为，既科普了知识，又达到产品曝光的目的。

此外，梨视频还在拍客网络中细化出“商业拍客”，旨在从素人视角为广告主定制产品内容，从使用、效果等多方面以“草根口碑营销”做出信息曝光，贴近用户且更加真实直观。内容营销如今也愈来愈多地被广告主所器重，市场份额不断上涨，广告需求也从传统品牌下沉到新兴企业以及中小广告主，因此，广告主对于内容营销的需求也在不断扩张。

（二）版权变现——保护优质资源，开拓盈利新渠道

相对于目前如火如荼的流量变现模式，版权售卖成为注重原创性、真实性以及价值性的梨视频盈利新渠道。遍布全球的庞大拍客网络为梨视频源源不断地提供原创短视频作品，经梨视频编辑发布后一般情况下会在第一时间将稿酬计入拍客档案中。梨视频会根据内容价值向拍客支付报酬，稿酬计算标准为“基础稿酬（50~400 元）+ 点击奖励（24 小时内）”。而之后众多分发平台对优秀作品转载将不再向视频生产者提供稿酬，此时视频版权归梨视频所有，除《人民日报》、新华社等已与梨视频达成战略合作、资源共享以及配合宣发的平台外，其他平台使用梨视频的视频作品将向梨视频支付版权费用。

梨视频已经研发出较为成熟的“梨视频短视频版权销售平台”，不仅将拍客的作品贡献纳入其中，同时也更好地为版权转售与转授提供了保障。

六、困境——第三方分发强曝光却成流量导入绊脚石

梨视频借助《人民日报》、新华社等主流媒体和微博、B 站等社交媒体进行内容分发，有助于增加短视频内容的曝光及快速提升品牌影响力，是初期打开市场并进行梨视频品牌露出的敲门砖，但是随着梨视频的成型机制不断完善，交错庞大的分发渠道却成了梨视频用户规模扩张的绊脚石。由于第三方平台可以满足用户接收大量新闻、资讯及观看梨视频相关短视频作品的需求，因此用户不再有进入网站或下载梨视频的必要，导致梨视频用户日活量与梨视频作品播放量相差甚远。除了有表达需求的拍客会进入梨视频中并进行注册，但这仅仅是满足知识需求，绝大部分普通受众不会通过分发平台自觉流入梨视频，因此降低了梨视频的用户黏性。

此外，同类资讯短视频平台的入局加剧着受众的分散，梨视频面对

的竞争对手不仅仅是引流能力极强的娱乐性短视频平台，还不乏以新京报动新闻、重庆日报上游新闻等为代表的传统却权威的主流媒体布局短视频资讯平台。以上种种弊端导致难以形成用户聚集效应，这不仅不利于用户规模的扩张及用户黏性的加强，进而还会影响梨视频的品牌影响力和商业价值，如广告投放，导致商业变现难寻立足点，内容生产缺乏价值出口。

进一步讨论上述困境，将回到最初梨视频作为资讯短视频的产品定位，究竟是做内容生产者还是信息聚合平台。起初梨视频团队将自身定位于优质内容聚合平台，但是由于独立平台高昂的运营成本，今日头条、腾讯视频等内容聚合平台的成熟以及难以实现用户自有化等各种阻碍，这一选择举步维艰，相反仅仅做依托社交平台进行内容分发而专注于生产优质的内容资源却要简单得多。

近年来媒体社交化呼声日益增长，但是梨视频大可不必打造基于资讯的社交网络，而是应更加专注于优质内容的生产与把关。资讯短视频的叙事风格日趋同质化，由于题材和载体的限制，事件报道呈简单线性逻辑且除事件主人公或当事者言论外缺乏多方影响因素的呈现，多以直接话语和主要冲突尽快展现高潮内容。“短、平、快”的短视频特性导致新闻资讯的报道欠缺深度和高度，往往只是流于事件梳理的表面，此举虽然满足了用户对第一时间了解新鲜事的需求，但是过分琐碎、分散的报道方式不利于用户认清事件的全貌，进而影响把握事件本质，仅仅呈现事件进程的短视频更加需要依托文案甚至意见领袖的介入才能更好地进行舆论引导。

唱鸭

——人人都能玩点音乐 *

开发机构：北京破壁者科技有限公司

使用情况：安卓市场 6438 万次安装，163 人评分

苹果商店 24 万人评分

上线时间：2014 年

产品定性：影音娱乐类应用

同类应用：全民 K 歌、唱吧、酷狗唱唱、天籁 K 歌、猫爪弹唱等

音乐作为一种艺术形式和文化活动，是信息传播的载体和方式，是人们的精神食粮。在移动互联时代，音乐传播的方式迎来了新突破。人们对于音乐的创造、传播和获取都可以经由互联网来实现，移动终端设备的普及也在不断催生各种类型的音乐传播软件。线上实时分享和交流互动使人们通过音乐进行情绪的抒发，在网络世界中进行自我形象展示，寻求情感与文化认同，在音乐领域中开拓出社交活动的新形式。唱鸭 App 作为一款

---

* 本文由北京印刷学院新闻与传播专业 2020 级硕士研究生马辉玲提供初稿。

以弹唱为主打功能的移动 K 歌类软件，在行业内起步较晚，但发展态势较好，具有良好的市场前景。本文以唱鸭为主要研究对象，对其发展现状、性质归属、内涵特点、发展水平等进行分析，并针对其目前存在的不足之处提出可行性建议。

随着移动互联时代的到来，各种类型的音乐社交平台打破了时间和空间的限制，人们可以更为便利地用音乐寄托情感、传播文化。手机音乐类客户端通过其多样化和日渐完备的服务，在精神共通、文化交流、压力释放等方面给用户带来了丰富体验，拓宽了用户的网上社交方式。用户需求推动行业的快速发展，伴随着各平台多年建设经验的积累，部分平台已形成自己的独有优势和良好的市场呼声。虽然如此，仍有一些软件以独特的市场定位和特色服务，在如火如荼的行业竞争中开创出自己的一份天地，唱鸭正是这样一种新兴力量的存在。

一、发展现状概述

（一）音乐社交发展现状

音乐社交可理解为“以用户社交互动为联结、以用户生产内容为核心、最大化开发用户创造力，并帮助用户最终实现音乐享受与消费的运营理念或策略”[1]。音乐社交较早可追溯至 2004 年美国 MySpace 社交网站的成立。MySpace 中文名为聚友网，其将音乐和社交网络相结合，一经推出便在短期内赢得百万用户的青睐，作为多功能一体化的社交互动平台，其在社交网站中占据着领导地位。随后，音乐社交市场得到快速发展，各种类型的移动音乐社交平台不断推出。目前，音乐社交型平台可分为移动音乐、移动 K 歌等行业大类。其中，移动音乐行业的知名平台主要有酷狗音

[1] 王路. 从网易云音乐看“音乐社交”生态的建设 [J]. 传媒，2017（3）：70–72.

乐、QQ 音乐、网易云音乐等，移动 K 歌行业精品主要包括全民 K 歌、唱吧、酷狗唱唱、唱鸭和天籁 K 歌。本文对于音乐社交领域研究主要聚焦在移动 K 歌行业，以唱鸭为重点研究对象。

（二）唱鸭发展现状

音乐社交方兴未艾，行业精品层出不穷。数据显示，2019 年中国手机音乐类客户端用户较上一年增长 6.6%，整体规模达 5.80 亿人。[1] 唱鸭属于音频娱乐领域中的移动 K 歌软件，由北京破壁者科技有限公司开发，其以特有的乐器弹唱功能为亮点，于 2019 年 2 月在移动端正式上线，并不断完善更新。唱鸭为用户打造了一个线上弹唱音乐社区，从其介绍语“人人都能玩点音乐”便可看出，其既是弹唱爱好者施展才华的好去处，对弹唱新手们而言也是功能完备的修炼室。此软件可以在 Android（安卓）和 IOS（苹果）系统中免费下载，年满三周岁即可使用。纵观移动 K 歌行业，唱鸭在强大竞争对手的光环下专注于挖掘自身优势并逐渐成长，在行业中占据了一席之地。唱鸭没有沿袭传统 K 歌软件以伴唱、接唱为主要功能，而是另辟蹊径，设置了弹唱、填词演唱、制作乐段、房间抢麦和点歌互动五大新鲜玩法，并在用户互动方式上不断深挖。

二、性质归属

（一）产品定位层面：打造社交场景

唱鸭的产品定位是一款将乐器与曲谱标记相结合的新型弹唱软件，主打具有工具属性的乐器弹唱功能，通过不同弹唱模式的图标提醒，用户不

[1] 艾媒咨询. 2019—2020 中国手机音乐客户端用户规模及内容生态分析 [EB/OL].（2020-03-04）. https://www.ii media.cn/c1020/69530.html.

需要专业的乐器知识和弹唱技能便可轻松实现自弹自唱。唱鸭 App 的用户在弹唱作品完成后，可将作品发布到投稿区，向好友或平台上的陌生用户展示自己的作品。唱鸭给予用户充分的发挥空间，鼓舞用户投稿原创作品，既尊重了用户的创作自由，又在无形之中凭借用户的创造力增加了平台 UGC 内容储备。

作品一经发布，便在个人主页和投稿区进行展示，可供好友或陌生人点赞评论。首先，从好友层面来看，好友即为在平台上互相关注的对象，可以随时进入对方主页，查看关注好友的动态，具有点赞、评论、自建房间后邀请好友一起 K 歌等互动方式。同时，对于唱鸭以外的 QQ、微信平台上的好友，也可以通过个人名片复制、房间号复制、作品分享等进行互动，与好友一起分享作品，一起参与平台的演唱和创作。其次，对于陌生人而言，唱鸭也为陌生人之间关系的建立提供了机会。如投稿区作品欣赏、点歌台回应、自动寻人加入房间等板块，与陌生人之间互相点赞、发表评论和评论互动、使用其创作的伴奏、跨平台分享他人作品等；在你来我往的交流之中，互有好感并相互关注，进而建立更为稳固的好友关系。从以上两方面来看，唱鸭很好地满足了用户之间的社交需求。

（二）用户需求层面：趣缘群体中寻求身份认同

“从本质上来看，趣缘群体是一种以身份认同为基础的亚文化体系，它构建了以兴趣和情感为核心的趣缘‘圈子’，并形成了‘圈子化’的文化传播机制。”[1] 唱鸭能够吸引和留存的用户，大部分情况下是对弹唱和说唱有着浓厚兴趣的。相似的音乐偏好和对于说唱文化的见解使他们在唱鸭营造的网络社交环境中形成趣缘群体，同时，平台与著名说唱艺人的合作也吸引着年轻人持续关注和参与平台互动，增强了平台的用户黏性。在互

[1] 蔡骐. 网络虚拟社区中的趣缘文化传播 [J]. 新闻与传播研究，2014，21（9）：5–23，126.

动视角下，用户将自己录制的作品进行精心修改并发布，期待他人对作品进行点赞和评论，对自己产生兴趣并获得对方关注，在此过程中使自己的表现欲望得到满足，也是自身创作能力的一种体现。在网络社交环境中，人们总会有这样一种思维：获得越多的关注量、点赞和评论数量，便会产生一种"社交成功"的骄傲感，认为自己在某种程度上得到了重视，被好友或陌生人所认同。用户在使用唱鸭的过程中，不断与他人建立联系，试图博得情感与文化认同，使自己在平台上的社交圈子不断扩大。从唱鸭设置的互动模式来看，也正是把握了用户的这种心理需求，为用户实现身份认同提供了多样场景。

三、产品内涵及特点

（一）特色玩法

与行业内其他主打伴唱和接唱的移动 K 歌软件不同，唱鸭目前主要有以下三种玩法。

第一种是"弹唱"。用户可通过唱鸭热歌榜和自行搜歌的方式选择歌曲，接着选择歌曲里的某个片段。若选择了平台已有用户参与弹唱过的片段，系统会自动为用户播放一遍此片段并展示歌词作为示例，没有用户演唱过的片段便只会显示歌词，此时用户可以对此片段进行点赞、评论、转发互动，或使用该原声创作合奏。进入弹唱页面后，页面上会显示歌词，系统在需要进行弹奏的歌词上设有不同颜色的标记，与下方的琴键颜色对应。此模式下的乐器以钢琴为主，主要有三角钢琴、明亮钢琴和电钢琴三类，音色有所差异，选择其他乐器如尤克里里、吉他等需要与好友分享后解锁使用。点击开始录制后，用户便可以边弹边唱，在清唱的同时为自己伴奏。除了弹唱模式外，还有清唱模式、合奏模式、改编歌曲可供选择，在进行歌曲改编和创作时用户须同意平台的作品上传授权协议，这也是平台保障用户合法权益的方式。同时，用户还可查看弹唱技巧与节奏教学，边玩边丰富自己的弹唱知识。

第二种是“填词演唱”。用户可以在各种类型的伴奏节拍中进行选择，如热门、最新、流行、伤感、快乐、中国风等，创作一个不短于16小节的片段。在创作页面中，用户可以先对原有的歌词进行编辑修改，加入自己的创意和想法，还可申请作品的原创声明，经平台审核后即可获得原创标识。完成歌词编辑后即可在选择好的伴奏节拍下进行演唱。完成演唱后还可以进一步对片段进行润色，如调整其音轨、混响、音量、伴奏人声对齐等，帮助用户将作品达到其满意的程度。最后进行保存并发布到平台的说唱话题作品中，与其他用户进行交流互动。

第三种是“制作乐段”。在此模式下，用户可以自行制作伴奏节拍和纯音乐作品，与其他模式相比，这个模式在音乐创作层面上更为专业，各种音效和旋律要素非常齐全，创作起来难度较高，需要一定的创作知识储备。但为了减少创作难度，平台为用户提供了和弦模板和教程，只需再加入鼓音效或根据提示加入旋律，便能轻松完成一段乐曲的制作。对于有这方面音乐基础的用户便能选择自行发挥和创作。

除了以上三种创作方式，用户还可以在投稿区的话题作品中欣赏他人的作品，还可以进行点歌，等待其他用户的回应。同时，用户还可以通过创建房间和加入各种房间与其他用户一起K歌，在选择不同歌单后系统将为该房间的用户设置一定数量的歌曲片段，由房间内几位用户共同进行抢麦演唱，在此模式下，社交、交友、互动等功能的优势更为凸显。

（二）多渠道宣传

1. 艺人推广

市场宣传是产品吸引用户关注度和营造市场声势的重要一环。作为一款弹唱类移动K歌软件，唱鸭结合产品特色，与娱乐圈多数艺人进行合作，吸引了众多用户。弹唱和嘻哈说唱紧密相关，近年来随着国内嘻哈说唱类节目的火热，许多说唱歌手备受粉丝追捧，在娱乐圈中享有较高的关注度。2020 年 8 月 3 日，唱鸭官方微博宣布某知名艺人作为唱鸭说唱推广大使正式入驻，并于几日后设置了明星点评说唱作品话题。同时，用户在平台上发布“自我介绍 rap”为主题的说唱作品便有机会与周延进行互动，更有转发微博抽奖赠送艺人签名照等活动。8 月 4 日，平台推出了“手机做 beats 挑战”话题活动，随机对用户创作的 beats 进行点评和互动，许多用户纷纷参与挑战和互动。

2. 特色活动

传播的仪式观认为，传播不是指分享信息的行为，而是共享信仰的表征。[1] 传播可以理解成为人与人之间文化与精神的传递。唱鸭关注社会动态，及时发布多种专题趣味活动。2020 年年初，新型冠状病毒肺炎疫情影响着社会生活的方方面面。唱鸭发起“为武汉唱首歌”的专题活动，激励用户进行创作，并将优质作品进行推广，还结合疫情推出创作献给白衣天使的专属 rap 作品活动。这些活动在催生优秀原创歌曲的同时，也通过歌声鼓舞人心，传递人间温暖，在社会弘扬众志成城、共渡难关、积极向上的正能量。

3. 用户对象多元化

唱鸭对用户类型限制少，年满三周岁即可使用。对于幼儿来说，唱鸭是其无成本接触音乐作品的一种便利方式。软件的免费下载、多数专业乐器的免费试用、各种创作技巧的免费指导和教学，都可以培养孩童对乐器演奏的兴趣和能力。对于家长来说，孩子足不出户便能提升演奏技巧也是性价比较高的一个选择。对于年轻用户而言，唱鸭满足其展示

❶ 詹姆斯 · 凯瑞. 作为文化的传播 [M]. 丁未，译. 北京：华夏出版社，2005：8.

自我演唱能力和个人形象的需求，软件的强大社交功能也能使年轻人更好地“以歌会友”，既能发现生活中好友在音乐环境下的另一面，也方便结识各种陌生好友，扩大线上线下社交范围及深度。对于年纪较大的用户而言，这款软件也是贴近时尚潮流、品尝音乐盛宴、打发闲暇时间的一个选择。

四、发展水平

（一）从行业总体情况来看

数据显示，截至 2020 年 11 月，唱鸭的活跃人数为 248.4 万人，在音频娱乐领域排第 24 名，在移动 K 歌行业排名第 4。[1] 可见与行业内同类型的 App 相比，它还是存在较大差距的。从市场知名度而言，唱鸭在小范围用户群体之中较为出色，但在移动 K 歌行业，人们耳熟能详的还是全民 K 歌、唱吧 App 这种发展模式成熟的移动 K 歌“明星”产品，这样的行业态势和强有力的竞争对手对于起步不久的唱鸭而言确实存在压力。但唱鸭 App 能在短时间内赢得用户喜爱，拥有一定的用户基础，吸引艺人入驻，足以证明其出色之处及具有良好的发展前景。

（二）从平台自身发展进程来看

唱鸭版本经历多次更新优化，截至 2020 年 12 月 27 日，已更新至 2.6.1.186 版本，优化了部分功能。目前，软件累计得到 5584 万次安装，分别在抖音、微博、快手、B 站等移动应用上建立了官方运营账号，还建立了唱鸭玩家交流 QQ 群，增进平台方与用户交流。据调研可知，许多用

[1] 易观千帆．千帆榜单应用月度 TOP 榜 [EB/OL].（2020-12-16）. https://qianfan.analysys.cn/refine/view/rankApp/rankApp.html.

户了解到唱鸭的方式主要来源于抖音用户的推荐。通过抖音上用户对唱鸭的独特弹唱方式、高质量的作品展示以及明星官方互动推荐，人们对唱鸭产生了一定的兴趣，并抱着试一试的心态前往应用商店下载使用。因此，抖音在用户引流的层面上为唱鸭起到了良好的促进作用。当前，更多唱鸭用户在各种类型的社交平台上进行作品的分享和传播，也在不断为提高唱鸭的知名度做出贡献。总而言之，唱鸭在上线后，不仅没有被淹没在行业内其他强劲对手的洪流之中，而是取得了可喜的成绩，其发展势头是值得肯定的。

五、存在的问题及建议

（一）灵活运用社交理念，扩大产品声誉

和其他类型的移动音乐平台一样，唱鸭也存在着音乐社交视角下用户社交关系脆弱的问题。用户虽然可以在平台设置的评论区中对他人作品进行评论或开展其他方式的互动，但这种评论方式无法体现出音乐对用户双方或多方之间产生的深度影响。由于这样一种“以歌会友”方式是平台用户间社交的主要途径，在网络虚拟社交的环境和无法深入交流的情境下，用户之间是很难进行深入了解，至于通过唱鸭发展出现实中的稳固朋友关系更是难上加难。因而，唱鸭可以通过更多主题话题的创建，鼓舞用户发挥聪明才智创造出更多优秀的原创作品，并设置专业评论奖励机制，过滤低俗或垃圾评论，引导评论区往“专业化”和“价值化”的方向发展，促进人与人之间基于音乐进行的有效沟通，为用户寻求高质量社交对象打造优质环境，从而形成平台紧密的音乐社交态势，吸引更多用户使用唱鸭，提高其知名度。

（二）维护平台与用户利益，减少版权纷争

版权问题是各类平台难以规避的棘手问题，但为了维持平台良性发展又是必须妥善处理的重要问题。从平台视角来看，2020年年初唱鸭便对某App新版本抄袭其弹唱功能做出回应，并直言通过法律渠道解决问题，打击抄袭现象，坚决捍卫自己的合法权益。从用户视角来看，唱鸭的弹唱玩法便于用户进行作品创作，既可以对已有歌曲进行改编，也可以上传原创作品。在上传原创作品的同时，平台自动显示作品上传协议供用户选择与确认，主要目的是保证用户合法上传自身原创产品的权利并使其受到法律的保护，同时也警示用户在注明为自身原创作品时不得有损任何第三方的合法权益，否则也会追究责任。唱鸭鼓励用户进行原创作品创作，为平台带来了丰富的UGC资源，保护版权资源也成为平台运营过程中的关键一环。唱鸭应积极关注平台自身和用户对于版权的相关问题，要及时处理好版权纠纷，既要充分保障平台和用户的版权权益不受侵犯，也不能有损其他第三方的合法利益。因而平台需要明确自身职责和义务，完善版权资源监管和保护措施，如设置用户个人信用分、进行用户信用监测等，加强用户对平台的信赖。

（三）进一步优化用户体验，增强用户黏性

用户体验即用户在使用产品时的综合感受，好的用户体验是产品能否吸引用户、留住用户的关键。经过自身体验和部分用户采访得知，唱鸭在以下几方面还需进行完善。

第一，进入软件首页的作品展示模块时，建议取消现有的自动播放方式，音乐直接外放容易给用户造成不便，可设置手动点击播放的方式。第二，在加入房间进行抢麦游戏模式中，用户可根据自身需求针对不同歌曲选择清唱和自弹伴奏，很好地满足了不同用户的需求；但在游戏过程中，

系统允许玩家随意进出房间，这对整个游戏的公平性和完整性而言不够完善，对于同一房间内其他玩家的游戏体验也产生了不良影响。第三，在进行作品创作的过程中，用户可以直接生成音频作品，也可以选择自带的录屏功能形成视频文件，方便用户分享到各种平台；但在后续编辑作品的过程中，无法选择播放时长，在更换音效时不同音效的加载时间不一且过长，操作不够顺畅。平台需在这些方面加强技术调整，设计更贴合用户使用舒适度和习惯的操作模式，给用户提供更好的音乐社交体验。

六、结语

唱鸭凭借其独特的弹唱玩法、多样的创作方式，在很短的发展时间内便获得了大量用户的青睐，保持着百万人的月活跃度，在移动K歌行业中展现着源源不断的生长活力，丰富着音乐社交新内涵。唱鸭现有的发展态势值得肯定，但在平台后续的发展进程中如何寻求新的发展路径、进一步扩大品牌影响力、提供更好的用户体验，仍是亟须探索前进的方向，进而谋求在移动互联时代的移动K歌行业中获得新突破，贡献新对策。

黄油相机
——最好用的拍照加字工具*

开发机构： 北京缪客科技有限公司

使用情况： 安卓市场 1 亿次安装，381 人评分

苹果商店 24 万人评分

上线时间： 2014 年

产品定性： 美图工具类应用

同类应用： 美图秀秀、in、天天 P 图、潮自拍、B612 咔叽等

黄油相机诞生于 2014 年 9 月，自称是一款“更适合中文字体的拍照加字应用”，方便用户用恰到好处的方式表达自己的情绪和心情。其功能特色在于提供了字体、图形等设计元素和模板，更倾向于成为一个图片加文字的表达社区。这样的产品定位将其与滤镜调色、标签贴纸类等的图片美化工具区分开来。其社交功能是指用户可以在社区中分享自己的作品，

* 本文由北京印刷学院新闻与传播专业 2017 级硕士研究生王琦和 2019 级硕士研究生庄善莹提供初稿。

喜欢、收藏和“Ding”他人的照片。

一、属性

黄油相机诞生于2014年，当时国内的美图类App鲜有主推文字功能，且可选字体受限，难以在艺术美感上满足用户需求。黄油相机瞄准这一市场空白，致力于打造“最好用的拍照加字工具”，在字体研发上深耕，支持文字个性化编辑，不断上新特色字体，并衍生提供贴纸、插画等图形，让文字与图片的展现手段及表达形式更为丰富，还以正版授权方式解决了法律上可能会出现的问题。

从产品属相上看，黄油相机首先是一款图片处理工具，在为用户提供在移动设备上就能进行的用滤镜处理图片功能的同时，还强调了其核心功能是将字体、图形等设计元素加入图片中，因此是正版授权内容的经营者，兼具UGC和PGC的特点。黄油相机还有社区功能的工具，旨在以内容生产为基础，以社区分享为导向，用户可以分享图片，其他用户有评论、点赞、收藏的权限。特别值得一提的是“Ding”功能，方便不擅长设计模板的用户直接套用现成模板，而且以付费方式解决了版权问题。

黄油相机的社交基于弱关系，用户主要是依靠内容（图片）相互连接。黄油相机上的图片以美和趣味为先，用户晒图晒的是创意而非炫富，是想法而非颜值。用户在这里分享的图片，内容多是一只猫、一束花、一顿饭等简单的生活物品和场景，黄油相机鼓励人们发现生活中的细节之美，是少有的很少晒自拍的图片社交工具，因此有一种文艺氛围，透露着小清新的气息，让人觉得很舒服。其产品介绍中写的说法是：“不浮夸，很自然，让你本来就很美”。

黄油相机的前身是专为美食照片添加文字的App“食日谈”，当越来越多的用户不满足于仅为食物署名时，运营者即时调整思路，黄油相机应运而生。黄油相机Logo的设计相对简单，只是黄色的细外框，再以浅黄色填满中间部分，色彩简单，容易辨识。“黄油”二字取自美国女性励志电影《朱莉和茱莉娅》的经典台词——“你是我面包上的黄油，生命里的呼吸”，文字之于图片，就是黄油跟面包的关系，融化的黄油让面包更加美味，黄油相机想通过加上文字令照片更有味道。

二、类型

黄油相机是属于滤镜调色、标签贴纸类等的图片美化工具，原本是一个工具类软件，但是带有分享和社交功能，因此是一个多元化内容社区。在媒体领域，它打造出了一个类型概念，叫作 Plog。

以 Vlog 派生的词汇 Plog，全名为“photoblog”，也就是图片博客——以图片以及照片的形式记录生活。与 Vlog 相比，Plog 用纯图片的形式展现生活，再加上灵动的文字符号等素材丰富的图片，向受传者更直观准确地解释图片内容。Plog 与 Vlog 有截然不同的表达空间和方式。

从博客的衰落到视频博客的兴起，随着互联网技术和通信技术的进步，以音视频取代图文形式，正在成为网络媒体产业的一个转变方向。Vlog 的广受欢迎催生了一些专业 Vlog 的视频制作分享平台（如 VUE、小影、一闪等），它们也建立起 Vlog 社群。然而互联网上的 UGC 内容生产永远不会止步于此，在“生活碎片”的说法逐步被广泛传播、Vlog 的内容变得千篇一律以及制作方式不再“碎片”的现状下，像黄油相机这样一种以 Plog 为名的生活记录方式就该出现了。

根据 TalkingData 数据，美图类手机应用软件中，美图秀秀以高达 9.67% 的覆盖率和 3.92% 的活跃率独占鳌头，将其他应用远远甩在后面。天天 P 图、潮自拍、B612 咔叽组成的第二梯队，尚有一定的差距。而其余应用软件为第三梯队，差距都很小，可见尾部市场竞争很激烈。虽一家独大，但多元化发展，黄油相机具备后来居上的机会与可能。

三、功能架构

（一）模板：以“图片 + 文字”为核心功能

黄油相机的启动页面是以图片加文字的发表作为核心功能的，同时具备明显的社交功能。

使用黄油相机编辑图片的用户，有愿意为编辑一张图片花费大量时间的，也有希望仅花费几分钟就能获得几张高质量图片的。针对这两种不同的用户群体，黄油相机的团队策划了不同的解决办法。对于愿意花费大量时间编辑图片的用户，黄油相机提供了大量的字体、图形、滤镜等，还提供了灵活的图文编辑方式，促进用户创造出高质量、有创意的图片和模板；对于急于求成的用户，黄油相机有一键 P 图和套用模板的功能。“Ding”功能让用户可以直接套用、二次编辑其他用户的公开作品模板，使用户成为生产核心。

图 1 为黄油相机做图、发图流程。

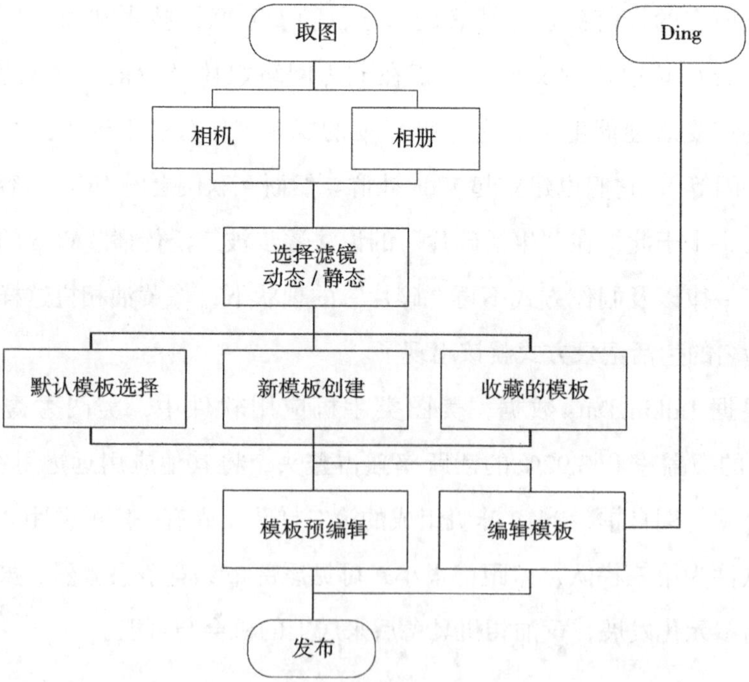

图 1　黄油相机做图、发图流程

黄油相机创始人斯日提到，“我们所有的印刷字体都应该呈现在手机上被大家看到，中文的变化多态、象形感、意境感可以赋予设计更多的含义”。黄油相机字体和图案的更新每天都在进行，已上线177款字体。斯日认为：“因为字体代表着一些用户看上去没那么重要的需求，就像黄油，它不是为了充饥，而是使你的食物变得更美味。”

（二）课堂

课堂这个界面，是由黄油相机教程发布的免费推送文章，手把手教用户如何编辑图片。已推出《被朋友圈问爆的神仙滤镜，现在悄悄告诉你》《红遍全网的Plog是什么手把手教你用它记录生活》等文章。黄油相机细致地将课堂分为推荐、调色、排版、创意、壁纸头像等小界面，便于用户精确查找相关推送文章。

（三）在线商城

黄油相机虽然不做内容的生产，但他们与全球优秀的甚至有些不为人知的插画师合作，绘制贴图，这些插画、贴纸不少都以明码标价的形式放在商店中。在黄油相机商城中，可以定制25张的照片书，打印4寸260g的鼓楼相纸照片。此外，黄油相机还制作了周边产品，包括手机壳、玩偶、纸胶带、书包扣等，并与Kinbor联合推出黄油手帐。

（四）百宝箱——黄油二十四节气（全景VR插画）

在百宝箱的界面中，值得一提的是黄油相机在2018年的每个节气都会推出特别的专题和文章，邀请插画师进行节气介绍的设计与相关贴纸、壁纸的设计，具备中国风特色。用户可以通过左右滑动手机界面，在全景VR插画中体验黄油二十四节气的别样。

（五）滑一滑

黄油相机是以内容为导向的，更注重内容本身，而内容本身会带来社交的属性。黄油相机的所有用户可以建立浅关联，这个关联的状态就是在用户优质内容基础上发挥的协同作用。

滑一滑，通过后台系统推荐机制，为用户推送感兴趣的作品。推荐机制已在今日头条、知乎有成功案例，而是否同样适用于图片社交，还需时间验证。不过，图片不同于文章，没有引人入胜的情节，大量同类型图片的涌现，不免会对用户造成视觉疲劳。黄油相机的团队也察觉到这一点，在滑一滑栏目中，也会推荐许多有趣的视频、教程来吸引用户兴趣，缓解视觉上的压力。用户通过滑一滑对喜欢的作品点赞、评论、分享，让发布作品的用户被更多用户关注。用户与用户间的互动，增加了对社区的黏性。

黄油相机中的关注功能，类似微博。对喜欢的作者，用户可以选择关注，成为其粉丝，可在关注页面查看所有被关注用户发布的作品。而黄油相机的运营团队，也会将一些优质用户推荐给其他用户，促使关注。粉丝多的用户，不再是一个普通的用户，而是能够引导普通用户的关键意见领袖（Key Opinion Leader, KOL）。这些 KOL 在完善自身价值的同时，也为平台增加了许多用户黏性。

四、用户人群

根据易观万像的数据：黄油相机的用户主要分布在一线城市，绝大多数用户为女性，且多为“90 后”和“00 后”，消费能力中等偏高，具有如下特征和使用需求。

（一）黄油相机的用户特征

（1）对大众审美与设计有一定追求，而且有艺术品位的用户，但这不代表用户为专业设计师。

（2）有奇思妙想，乐于设计与分享的年轻用户。

（3）不熟悉 PS 等专业修图工具的用户。

（二）黄油相机的用户需求

（1）基本型需求：可以拍照，可以对图片进行编辑，加不同字体的文字，并分享出来。

（2）期望型需求：制作过程简单，做出来的图变得好看或有趣，并有可能被别人喜欢。

（3）兴奋型需求：自己做的图被很多人喜欢，还能发现有意思的用户和作品，具体表现为关注、评论、收藏等操作。

五、特征与优势

（一）特征

作为一款图片编辑工具类应用，黄油相机对于用户而言，具有以下三个使用特征。

（1）好用。产品简单易上手。黄油相机的整体操作步骤简单，产品层次较浅，添加字体和图形的核心功能突出，能产生记忆点。Ding 一下的创新设计更降低了用户的制作成本。

（2）好玩。和“黄油相机”这个名字一样，字库和图形都十分有趣，大家可以制作出富有文艺和东方气息的图片。运营方面也会通过专题、队列等形式鼓励大家发挥想象力，创造出更多的可能性。

（3）好看。黄油相机整体风格突出，清新软萌的黄色结合“黄油”的名字融汇出鲜明的风格，滤镜、字体和图形量虽不是很大，但都是情怀之作，能看到团队的用心。

（二）优势

黄油相机相较于同类型手机应用软件具有两个优势。

（1）产品定位明确，专注核心功能。黄油相机的界面十分简洁，操作十分简单，对目标用户的把握程度较高。

（2）找准切入点。在美图工具类应用中，做滤镜的有很多，做美颜的有很多，做拼图、做贴纸的也很多。但是专门做文字的很少，做中文文字的更少。而中文的变化多态、象形感、意境感能够赋予设计更多的含义与想象空间。这个切入点精准独特，而且“黄油相机”于2014年就进入市场，布局较早，现在“图片加文字”形象已经深入人心。

然而黄油相机也是具有劣势的。第一，上述优势某种程度上也是劣势，由于功能简单，产品黏性不足，用户容易对产品失去兴趣，新鲜感一过可能造成用户流失。第二，目前属于小众产品，主打文艺清新风格，用户针对性较强，使得作品风格类似，时间长容易产生厌倦感，同时由于风格过于明确，使得用户增长也占劣势。

我们拿“in”这款竞品再跟黄油相机对比一下，来深入理解黄油相机的特点。从表1中可以看到，黄油相机的核心功能明确而突出，在辅助功能上就追求简单便捷，这也许就是其核心竞争力。

表1　黄油相机与in的对比

对比项目	黄油相机	in
产品功能	中文字拍照加字功能	贴纸
产品风格	文艺、清新	可爱、趣味
产品界面	简洁风	多层次
照片处理	以加字为主，贴图、滤镜为辅	除贴纸外功能较多（品牌、地点、涂抹、大头等）
照片体现	设计感	个性、创意

续表

对比项目	黄油相机	in
社交功能	轻社交	多重社交（我的消息、我的聊天、我的标签、我的好友）
其他功能	Ding 功能	标签化管理、附近的人、等级、in 币鼓励机制

六、盈利模式

黄油相机的主要盈利模式是：以原图再处理为主旨，上架了收费字体、滤镜，并且与插画师、动画师们合作，上架了收费插画贴纸、壁纸等。

当然，这样的盈利模式还是比较简单，但是当初的 QQ，最初的盈利模式就是给用户头像“穿上”付费的衣服，也很简单。

与插画师、动画师的合作体现在素材库，其盈利模式是付费会员制。2016 年年底黄油相机开通了付费业务，对付费会员开放更丰富的素材库。在 2017 年年底黄油相机的付费会员已达 10 万人次，据公司负责人透露，结合在线商城的收入，至 2017 年 12 月，黄油相机每月的营业额已达 200 万元，黄油相机已能实现盈利。但比起能赚钱来说，更令创始人斯日感到兴奋的是“黄油相机”的价值体系得到了用户的认可。

七、产品运营

第一，使用黄油相机处理过的作品，不仅可以公开在黄油相机的平台里，也能一键分享至其他社交平台。除了普通用户，拥有大量忠实粉丝的自媒体、网络红人以及明星艺人的口碑传播，更具影响力群体领袖的分享不仅容易被群体接受，并且会让信息以几何的速度迅速传播。

第二，紧跟热点。用户广泛关注的热点事件常常被品牌用来宣传，吸引用户关注与互动。比如每年 6 月，高考与毕业一定是全国性的社会热点话题，以年轻人为主要用户的黄油相机在每年的6月都会紧跟热点。先后设置了“黄油企划X晒出你的毕业照”“黄油队形 × 毕业后再也不能 ××× 了”等话题，并推出毕业主题模板，以“黄油陪你说再见”为口号号召用户参与话题。

第三，品牌互动合作。电商品牌“小红书”以美妆时尚产品为主，与黄油相机合作交叉POP。在“小红书”的用户笔记中可以发现，用户在分享购买心得时，常用黄油相机对图片进行加工，品牌间的互动传播相得益彰。

第四，公益服务性质活动。2017年的植树节，黄油相机携手女装品牌earth music发起one tree植树公益活动：每100位用户参与黄油相机内的队形活动：使用有earth music特制水印的模板拍摄身边的绿色，earth music就会替大家种下10棵树，每满100人种10棵，上不封顶。到活动结束，共有2589人参加“在地球日的今天”活动，种下250棵树木。2017年4月，黄油相机推出“读一本书从封面开始”活动，黄油相机选择向图书的封面设计者致敬，通过其他自媒体发布了软广告，介绍了黄油相机的活动，塑造出品牌的正能量形象。

八、存在的问题

作为黄油相机的重度用户，笔者认为它还存在着以下几方面的不足。

第一，图片处理中撤销功能不明确。选择撤销选项并不能撤销图片滤镜和颜色调整，只能撤销元素和模板的调整。例如，在调整画布比时，假设用户想选择1∶1画布比，误按到4∶3画布比后，必须再经过16∶9，3∶4，9∶16等选项才能回到1∶1画布比，过程太过烦琐，用户体验感较差。

第二，“Ding”功能的确方便了部分用户，但同时可能伤害模板原作者的创作保护。黄油相机的模板应用来源主要分为两种：一种是在社区浏览的过程中直接“Ding”复制或收藏，另一种是在制图过程中直接应用热门模板的推送。而在第二种情况的模板选择上，黄油相机对模板的原作者没有注明。

第三，以“馆长推荐”为主的几张横向滑动卡片，作为点开黄油相机后用户看到的第一个最大的推荐位，内容缺乏主题性。大多数“馆长推荐”的图片都是同一种小清新风格，如果仅仅是推荐一张风格差不多的图片模板，那就和首页下方的“根据你的口味推荐”没有什么大的差别。专题活动中模块太多，各个活动占据版面小。

总之，图片编辑类软件难以形成功能壁垒，在相互模仿间同质化问题愈发严重，原本的差异化定位被销蚀。社交方面的主要问题仍然是弱关系引发的黏性问题，有好看的图片似乎还不足以让用户产生足够的归属感。不过，黄油相机在营造氛围、保持产品性格方面做得已经十分出色了。

九、结语

至今不负用户期待的黄油相机需要持续进行技术创新，挖掘更多新玩法，建立技术生态壁垒。在内容建设方面继续完善充实字库内容、图形内容、模板内容三大内容资源板块，以优质内容为导向发展社区，搭建属于自己的内容生态壁垒。这两方面的持续努力，将有效提升用户体验，提高用户留存率，就像图片处理类 App 的标杆——“美图秀秀”那样，囊括了图片处理更为丰富的功能，把一款工具类应用做到了极致。

大象点映
——让好电影遇见对的观众 *

开发机构： 大象点映（上海）网络科技有限公司

上线时间： 2016 年

产品定性： 便捷生活类应用

同类应用： 万达电影、票房大卖王等

大象点映平台（以下简称“大象点映”）是国内首个尝试“让普通观众在影院点播电影的观影社交平台”，正在逐渐成为一个初具规模并且拥有忠实受众群体的长线放映平台。它开创了众筹观影的新模式，为小众电影打开了全新的市场，是“社群经济 + 互联网思维”的产物。本文就大象点映进行深度分析，重点对其成功之处进行剖析，并指出其存在的不足。

一、简介

大象点映是一条虚拟艺术院线，是国内首个可供观众在影院点播电

* 本文由北京印刷学院新闻与传播专业 2018 级硕士研究生熊诗倩提供初稿。

影的观影社交平台，旨在“让好的电影遇见对的观众”，通过获取一些小众艺术电影的发行权，以众筹观影的方式汇集观众，在某一指定影院进行放映。

2016年年初，吴飞跃创立“大象记录”（2017年4月更名为“大象点映”）微信服务平台，观众可以通过这个平台选择自己感兴趣的电影购票，在人数达到影院放映要求人数时，影片就可进行放映。该平台点映的第一部电影，来自吴飞跃导演的纪录片《我的诗篇》，在国内多次获奖，甚至入围了阿姆斯特丹国际纪录片节，然而却没有发行公司愿意为它买单。大象点映用一年时间，在全国205座城市完成了1000场众筹点映，吸引了10万观众，《人民日报》、新华社、《新京报》、澎湃新闻等众多国内外媒体争相报道。最终凭借众筹点映积聚的能量，使《我的诗篇》成功进入院线公映，并于2017年3月在爱奇艺上线，成为第一部由普通观众推动进入院线公映的电影。

大象点映逐渐发展成为一个初具规模并且拥有忠实受众群体的长线放映平台，以限量公映、专场展映、超前点映、经典复映四种方式进行点映。2018年6月，大象点映App上线，其片库已有100多部影片，合作过的影院达2000多家，先后有3000多位众筹观影发起人在全国300多座城市完成了3000多场放映活动，平均上座率在80%以上，点映情况见表1。

表1 “大象点映”点映情况统计（部分影片，时间截至2018年12月11日）

版块	序号	影片名称	已经点映（场）	正在点映（场）	影片平台简介	影片类型
专场展映	1	《我的诗篇》	1253	2	一个掩藏在中国制造背后的故事	纪录片
	2	《冬》	17	0	一部充满人性孤独感的普世预言	艺术
	3	《我的影子在奔跑》	73	0	一个真人版麦兜的故事	艺术

续表

版块	序号	影片名称	已经点映（场）	正在点映（场）	影片平台简介	影片类型
专场展映	4	《天津闲人》	8	1	乱世津门，闲人事多，儿女情长	剧情
	5	《危城之恋》	4	0	危城之下风雨飘摇的爱情	剧情
	6	《小狗奶瓶》	20	0	一条流浪狗为了回家需要多努力？	剧情
	7	《塔洛》	60	1	一部没有仁波切和朝圣的藏区电影	艺术
	8	《有人赞美聪慧，有人则不》	34	0	这部电影里有罗大佑的《童年》	艺术
	9	《告诉他们，我乘白鹤去了》	46	1	一曲“老无所依”的生命挽歌	艺术
	10	《师父》	5	1	在消失的武林动了情，搏了命	剧情
	11	《太阳总在左边》	14	0	丧到绝望时，你被什么救赎？	艺术
	12	《河》	54	0	三代人的世界被一条河隔开	艺术
	13	《生活万岁》	121	31	谢谢你，让我看到生活的光	纪录片
超前点映	14	《自行车与旧电钢》	104	11	那些用音乐和命运抗争的人	纪录片
	15	《出·路》	323	17	每一种命运都渴望向上的人生	纪录片
	16	《摇摇晃晃的人间》	680	8	诗人余秀华的隐秘生活和情感世界	纪录片
	17	《我只认识你》	164	1	他们用爱和尊严来对抗衰老	纪录片
经典复映	18	《结伴而上》	2	0	一段真实而私密的朝圣之旅	艺术
	19	《今天》	1	0	人生旅程的最后一天	艺术
	20	《蒙特利尔不归路》	1	0	漂泊的游子身上仍有苦难的烙印	艺术
	21	《加布里埃尔》	1	0	边缘人也有爱的权利	艺术
	22	《小农民》	4	0	法式小人物的政治影射	艺术
	23	《延巴克图》	2	0	信仰一旦偏执，就是灾难	艺术

续表

版块	序号	影片名称	已经点映（场）	正在点映（场）	影片平台简介	影片类型
限量公映	24	《冥王星时刻》	限量 200 场	已点映 176 场	章明导演首部公映作品	艺术
	25	《小偷家族》	限量 30 场	已点映 30 场	我们什么都没有，只有爱	剧情

二、创新性实践

（一）众筹观影：由 B2C 到 C2B 的观影模式创新

大象点映众筹观影的官方点映流程如下“发起人发起点映—大象点映审核通过—发起人召集宣传—影迷结伴报名—召集成功专场观影”。每个对影片有兴趣的观众既可以作为发起人发起一场点映，也可以作为观众报名一场点映。若为发起人，大象点映工作人员会与其进行线上沟通，对于可能达到目标人数的场次予以通过，在电影点映时间的前 2~3 天若达到目标人数则点映成功。观众可根据现有的点映场次选择适合自己的时间、地点，既可报名参加召集成功的场次，也可以购买已召集成功场次的余票进行观影。

大象点映这一观影模式的创新，突破了传统院线 B2C 自上而下的观影模式，通过“众筹点映”模式的创新性，打破院线上映什么、观众只能看什么的观影方式，把排片的主动权交给观众。而且，每一场放映都以保证影院要求的上座人数为前提，达到人数则放映如期进行，如达不到，则放映取消、全额退款，不影响影院正常商业排片，也不会让影迷有任何金钱上的损失。吴飞跃等创始团队成员认为，作为一种 C2B 用户思维的产物，众筹点映方式能够最大限度地发挥每一个个体（其实大象点映的很多发起人某种程度而言都是意见领袖）的能动性，并通过他们的节点作用去扩散并影响到更多人。

（二）小众艺术电影的突围，开启艺术院线建设新思路

点映这一观影模式最早出现在2002年，张艺谋为了让《英雄》有资格提名奥斯卡最佳外语片，提前在深圳举行了为期7天的点映。当时点映的主要目的除了为得到电影节提名，多用于为商业电影造势，使其在公映之前就成为热点话题，吸引更多的观众从而取得更好的票房成绩。原本作为商业电影的一种营销手段，如今通过大象点映这一平台，却成为小众艺术电影市场的发展契机。

纪录电影《生门》曾花费几百万元宣发费用全国公映，最终却只收获100万元票房。2017年9月《生门》在大象点映开展专场展映，在没有投入任何宣发费用的情况下，完成了200多场展映，票房达50万元。对于小众艺术电影来说，即使投入资金进行宣传推广，也很难取得像具有粉丝和流量基础的商业电影那样的收益，于是往往会造成无法上映或上映后亏损的情况。而在大象点映平台上线后，在零宣发费用的基础上进行点映，在如今商业电影爆发的年代为艺术电影带来了一线生机。

（三）商业化运营模式，实现片方、影迷、平台、影院四方的互利共赢

我国商业电影产业链主要可分为上游内容提供、中游宣发渠道、下游放映渠道三个环节，主要包括电影的制作、发行、放映（院线、影院）。各流程的核心业务为：投资方筹集影片拍摄所需资金，支付给制片方；制片方负责电影拍摄和后期制作，其中进口电影由中国电影从境外引进片源；影片制作完成或者从国外引进之后，制作方交付给发行方，由发行方负责影片在全国的发行和营销，并向各大院线供应影片；影片资源到达影院后，由影院负责放映（图1）。随着互联网技术的发展，同时延伸出在线的票务平台作为中介将消费者与影院、宣发连接起来（图2）。

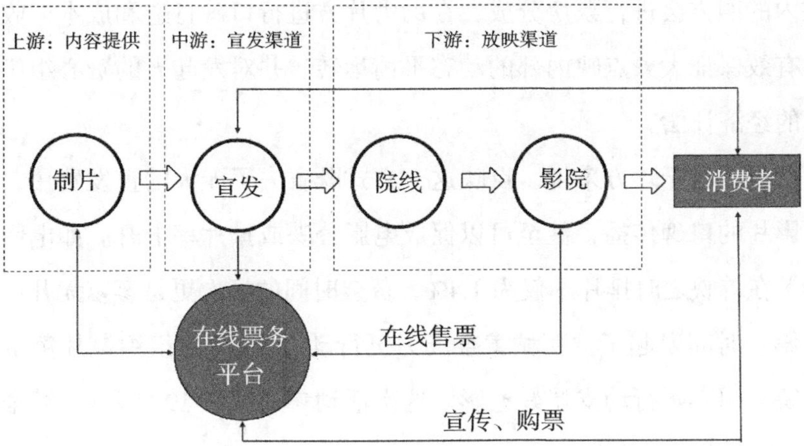

图 1　商业电影产业链

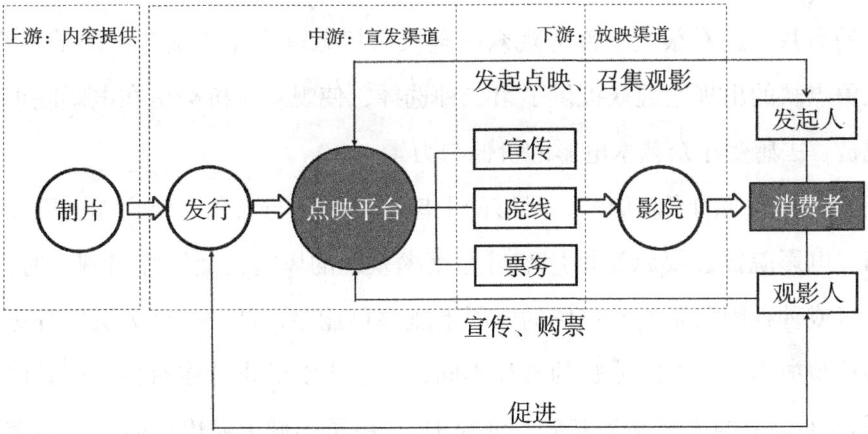

图 2　以大象点映为代表的点映电影产业链

与商业电影产业链相比，以大象点映为代表的点映电影产业链打破了中下游宣发渠道与放映渠道的界限，点映平台不仅具有票务平台的功能，同时兼具宣传和院线的功能。由平台取得片源，发起人发起点映形成院线，与此同时在微信公众平台进行宣传，在点映现场举办各种形式的映后活动。原本复杂的三个功能在区区一个微信公众平台上就得以实现，节约了大量的运营推广成本，最大程度地使资源得到有效利用。

据了解，关于影片的票房收入，片方、影院、大象点映，包括发起人在内的四方会进行票房分成，在助力片方进行口碑打造和成本回收的同时，有效保证大象点映内部的动态平衡运转，并对发起人的费心组织给予一定的经济补偿。

首先，对于片方来说，点映这一方式既省去了庞大的宣发费用，又促进了影片的口碑传播，甚至可以促成电影公映或排片率上升。如电影《嘉年华》在首映之时排片率仅为1.4%，黄金时间的场次更是寥寥无几，大象点映第一时间发起了“百城黄金场力挺行动”，在全国组织该片黄金场次的点映，用实际行动支持好电影。这次活动参与城市120多座，黄金场次的点映申请超过500场。

其次，大部分热爱文艺片和纪录片的观众苦于在传统院线找不到对胃口的影片，还有很大一部分观众甚至没有接触这类小众文艺电影的机会。大象点映的出现给观众提供了第二种选择，使观众有机会坐在电影院里去观赏，去感受小众艺术电影的价值与力量。

对于点映的影院而言，足够的上座率是影院与大象点映合作的重要原因。电影院往往要承受排片率与上座率差距的风险，受影片口碑、时间、地点或种种因素影响，单场的电影上座率可能会很低，甚至无法填补影院的放映成本。与院线公映的影片不同，大象点映的影片在召集之初就以达到60%以上的上座率为基础，北京CGV星星影城（颐堤港店）总经理陈天宇曾表示，和大象点映合作几个月，最直观的效果就表现在影城的城市排名和票房产出上，每场能保证60%~80%的上座率，将观影量并不大的群体集中起来，单场上座率丝毫不逊色于商业电影。

（四）运用社群思维，打造兴趣一致的社交平台

传统的观影流程，就是自己与朋友亲人，在指定时间来到影院，共同观看一部影片，属于熟人社交的一种。和传统的观影体验不同的是，众筹观影在影片放映结束后往往会设置一些和主创人员及其他观众的互动活动，这就给了观众一个结识志同道合的朋友的新机会，实现观影社交，并逐渐形成一个特定的小团体。交流的过程使得大家对电影有了不同视角的理解，在这一过程中完成了深度社交。

值得一提的是，在每部影片放映之前，参加点映的观众都会被拉进由发起人创建的微信群，发起人会在群里保持与观众的沟通，从而方便点映的进行。但这个群的作用不止于此，原本分散的个人因为对于同部电影的爱好相聚，在点映之后也会就影片在群里做一些深入讨论。在100座城市的大象点映影迷群里，有30多万用户在跟随大象点映看电影，一张基于观影兴趣而连接的社群地网正在不断构建。

这种针对艺术电影、纪录片爱好者的归属感，正是大象点映区别于传统观影的价值。有社交的地方就有人群，有人群的地方就有市场，大象点映是“社群经济＋互联网思维”的产物，它建立在产品与影迷的价值取向和情感趋同之上，不同的观众对同一类型电影的情感需求使大象点映得到广泛的支持和认可，并能持续发展下去。

（五）选取优质影片放映，口碑营销增添用户黏性

在影片选择方面，参与众筹观影的影片是影片片方、大象点映平台、发起人三方互动协商的结果。大象点映平台有自己的长线放映影片库，这些影片均是已获龙标、具备影院放映资质的片源。关于片源，一方面对于优秀的影片，大象点映会积极与片方协商取得影片的放映版权，另一方面，大象点映创始人之一吴飞跃曾提及，有些面临宣发困境的小成本艺术片也会反向寻求与大象点映合作。目前大象点映选取的影片绝大部分都是高质量和高水准的，而且以大象点映的运营方式来看，高质量的影片往往能通过口碑传播收获更多的受众。

导演秦晓宇在通过大象点映推介电影《千锤百炼》时曾说，“持续地让优秀的纪录片进入影院，寻找并培育观影人群，进而改变观影生态”。

真正热爱艺术片和纪录片的观众会加入主动推广的行列，发起人为影片的成功召集也会自发地进行传播，从而使更多的人了解大象点映平台，进而成为潜在的目标用户。同时，这些观影人又是潜在的发起人，在感受到极为融洽的观影气氛之后，有可能会由“观影人“变为“发起人”，如此形成众筹点映活动的良性循环运作，增添用户黏性，提升用户对平台的忠诚度。

（六）区别于国外艺术院线模式，打造符合国情的中国艺术院线模式

相比国内，诸如法国、美国等发达国家皆有完备而强大的文艺片院线，它们撑起并滋养了商业电影之外的人文艺术天空。毋庸置疑，发达国家电影发展的时间更长，市场发育更充分，加之社会经济发达程度高，故类似文艺片院线的个性化市场要早启动数十年，早在电视刚刚普及之际就已经开始了。同样，由于发达国家电影发展的时间更长，其人才、作品储备也更加丰富，优秀、新锐文艺片导演亦层出不穷，作品源源不断，完全可以满足院线放映所需的海量要求，此外更有数量庞大且稳定的观众群体。

但在我国，这些资源十分匮乏，短时间内无法达到国外艺术院线的规模。对此，大象点映的负责人也表示，“大象的众筹点映模式更多是从用户思维出发的互联网创新和实践，而非借鉴国外的某种成熟的院线模式。另外国情不同，也没有办法直接去借鉴某种国外的模式”。事实上，截至2021年10月，国内电影银幕总数已达80743块。然而，八万多块的银幕中，属于艺术电影的并不多。从上文对众筹观影模式的分析中可以看出，大象点映其实是作为一个虚拟的商业性运营院线而存在的，它恰好在艺术电影市场的“供给方”和“需求方”之间搭起了一个可以进行双向定制的分线发行模式。一方面，作为“需求方”的发起人和观影人可以根据个人

的“需求”选择影片，这使得“需求方”呈现出精准的锁定度和较高的参与度；另一方面，作为“供给方”的艺术片和影院等可以在大象点映平台作用下，分别以入库和加盟的方式等待发起人和观影人的“需求“选择。这样一来，在全国范围内，每一个影院都是潜在的艺术影院，每一位发起人和观影人都成为中国艺术电影院线建设的助推者和践行者，这种没有地域界限的参与，在之前的艺术院线建设探索中是前所未有的，这也更加显现出众筹观影模式对艺术院线建设的开拓性贡献。[1]

三、存在的问题

（一）缺乏硬件支持，用户体验感较差

在创新观影模式、践行用户思维的同时，大象点映平台在稳健发展的同时也面临一些问题，其中技术层面的问题也是其一直以来的“硬伤”，购票系统“被恶意攻击”，屡次崩溃；购买电影票后没有选座功能，观众没有选择权；等等。

大象点映虽有大家看好的市场，同样也需要重视硬件的搭配，方能被时代接受。

（二）组织机制混乱，缺乏发起人的审核管理机制

由于点映都是发起人自行沟通与安排，缺乏经验的活动往往会导致混乱。而大象点映只作为平台进行观影人群的召集，剩下的工作都由发起人完成，对于很多第一次发起或参加点映的观众来说，常常会产生无序的状况。比如签到选票时对于座位的选择往往采用先到先得或抓阄的方法，对

[1] 赵燕．众筹观影：中国艺术院线发展的新思路——以“大象点映”为例［J］．中国电影市场，2018（7）：23-26.

于较早购票的观众无法形成保障。

同时，部分电影会由发起人组织路演，这能带来更多的关注与流量，但是规则中的漏洞也显露了出来。以《路过未来》的点映和路演为例，《路过未来》是一部在一年前戛纳电影节就亮相的作品，加上主创团队的粉丝群，在国内可以吸引“流量”。当时，大象点映和成都场发起人之一存在合作关系，发起人“全包或半包”电影票，包下一部分票进行代理以方便中间人固定的观影群体，留一部分给其他观众。但是这样的规矩在《路过未来》这种一票难求性质的活动并不适用，反而引来了巨大的争议。100人场次的影院最后只有一半留给粉丝或其他观众，被人利用规则漏洞满足一己私欲，很大程度上打击了电影爱好者的满腔热情。

大多数的发起人都是真正热爱电影、具有传播好电影的情怀，并且具备一定行动能力的热心观众。但随着平台受众的不断增加，而大象点映又缺乏发起人相关的认证机制，长此以往难免会产生需要宣传或盈利的个体或组织借机以达成自身目的的现象。发起前大象点映的相关工作人员会与发起者取得联系，但仅仅是确定发起人所能召集的人数，而并不会对发起人的目的及身份进行查证。笔者认为，缺乏机制保障很可能会动摇观众对于平台的信任度，行之有效的发起人审核管理机制是目前大象点映平台亟须解决的问题。

四、结语

大象点映电影平台的出现，是中国电影行业发展过程中的有效实践与探索，对于丰富电影市场、建设艺术电影院线具有重大意义。大象点映已经拥有10万余用户，并且完成了Pre-A轮融资，在一场又一场的众筹放映中被越来越多的媒体、片方、观众和影院所关注。2018年下半年，大象点映开启了“导赏师计划”，邀请平台认为具备用户服务意识和写作能力的人成为平台认证的导赏师，希望通过好电影完成高素质影迷的积聚，基于对这些群体观影体验的提升，衍生出更多的服务、形成更多元化的收入来源。对于一个初创公司来说，大象点映的发展态势不容小觑，但在发展的同时也应更注重用户反馈和诚信机制，以谋求更长久的发展。

跋

本书的写作，历时八年，迟迟不能定稿的原因，是App领域的巨大变迁。就像路边小店一样，手机上的App也是一批批出生，一批批死亡。我们本来想入选本书的App，都应该是“活得下来”也“活得下去”的，后来终于想明白，企业有生死，行业有更迭，都是自然现象。曾经“活过”，就该被记录下来。

本书的出版，得到了北京印刷学院人才强教项目的资助，北京印刷学院新闻出版学院各届领导、各位老师的支持，2013届以来的历届学术硕士研究生和专业硕士研究生为本书的出版付出了大量劳动，所有初稿提供者的名字已在每篇标题下以页下注方式做了说明，编者在此一并致谢！

新媒体研究是我们大家一起选定的科研方向，齐心合力，方能终有所成。感恩各位支持者和参与者！

魏超　李岳秋

2021年4月20日